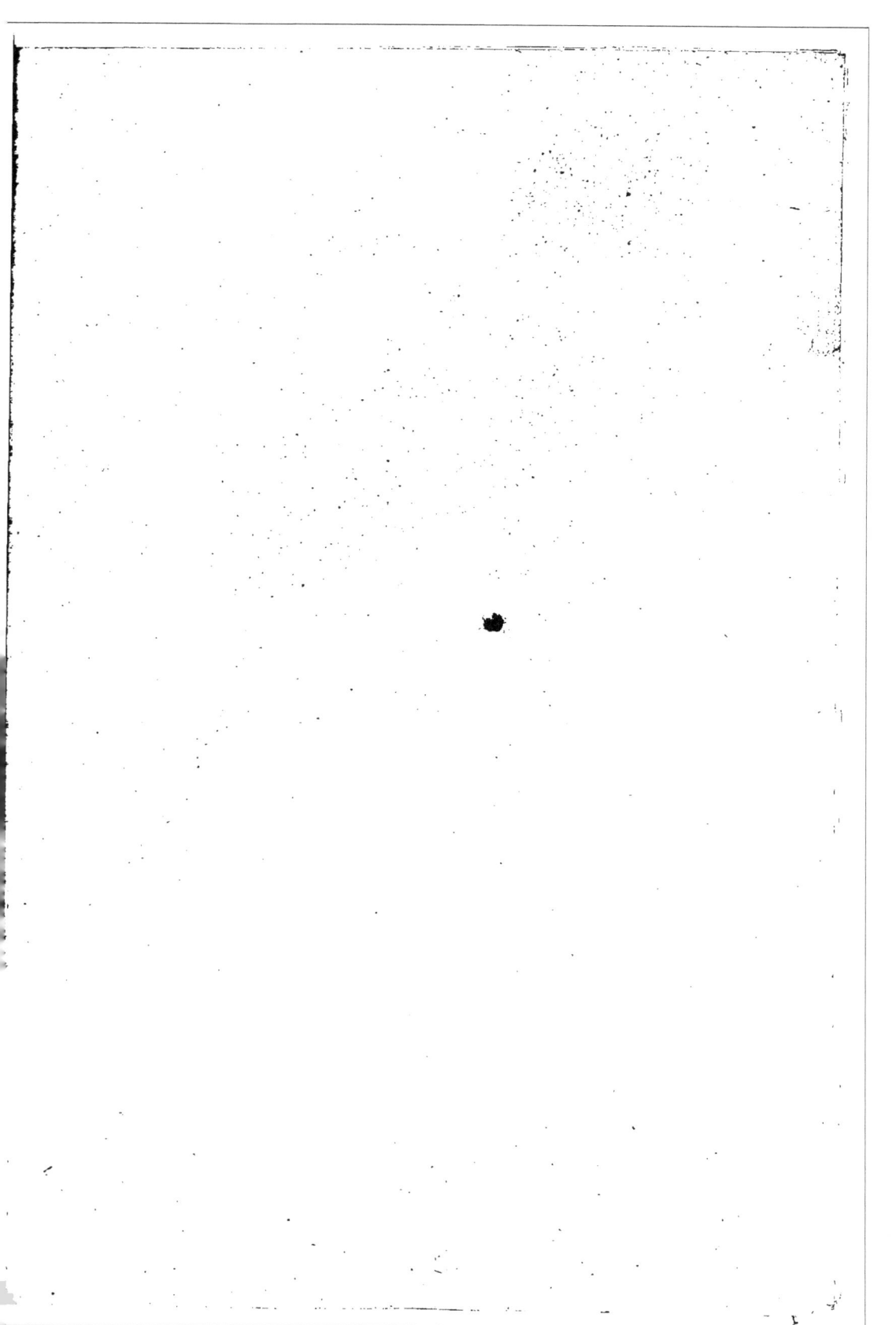

25.269

LE
SUCRE COLONIAL

ET LE

SUCRE INDIGÈNE.

Paris. Imp. de P. Dupout et Comp.

Paris. Imp. de P. Dupout et Comp.

LE
SUCRE COLONIAL

ET LE

SUCRE INDIGÈNE,

PAR

L. FOURNIER.

Membre du conseil général du commerce, et de la chambre de commerce de Marseille.

> Le système du gouvernement consiste à satisfaire aux intérêts généraux du pays, selon les temps, les besoins, les faits bien constatés et les circonstances.
>
> (M. THIERS, ministre du commerce; *Exposé des motifs*, Séance du 3 décembre 1832.)

Prix : 2 fr. 5o c.

PARIS,

CHEZ GOSSELIN, LIBRAIRE,

GALERIE DU PALAIS-ROYAL, 8.

1839.

LE

SUCRE COLONIAL

ET LE

SUCRE INDIGÈNE.

Une grave perturbation , depuis long-temps
prévue, alarme en ce moment de nombreux
intérêts. Depuis long-temps tous les organes du
commerce en ont signalé la cause, et n'ont
cessé de solliciter les moyens d'en prévenir les
déplorables conséquences. Leur voix n'ayant
pas été écoutée, les progrès du mal sont tels
que toutes nos villes maritimes , frappées du
péril prochain qui les menace, ont envoyé à
Paris, depuis six mois, des délégués spéciaux ,
avec l'unique mission d'obtenir enfin un
amendement à une situation qui compromet
à la fois l'existence de nos colonies, de notre

commerce maritime, et de tous les intérêts qui s'y rattachent.

Cette manifestation extraordinaire du commerce accuse nécessairement un mal pressant et général, puisqu'il émeut à ce point autant et de si vives sympathies.

Le gouvernement en a reconnu la réalité et l'étendue. Dès le mois d'octobre dernier, il a convoqué extraordinairement le conseil supérieur du commerce; et après une enquête, après une longue délibération (1), ce conseil a constaté la gravité du mal, et la nécessité urgente d'y remédier. A cet effet, et comme moyen immédiat, il a proposé un dégrèvement sur les sucres bruts de nos colonies.

Le gouvernement a reconnu l'utilité de cette mesure, il pouvait l'appliquer par ordonnance; mais la réunion des chambres législatives étant alors prochaine, le gouvernement s'est engagé à présenter, dès l'ouverture de la session, un projet de loi de dégrèvement de 16 fr. 50 (décime compris), par 100 kilog. sur le droit dont ces sucres sont frappés.

Cependant la chambre des députés a été dissoute avant la présentation de ce projet de

(1) Tous les ministres ont assisté extraordinairement aux diverses séances de ce conseil, sous la présidence du ministre des affaires étrangères.

loi , et le dégrèvement, reconnu nécessaire et urgent dès le mois d'octobre dernier , se trouve maintenant ajourné à la future réunion des chambres législatives. Les lenteurs inséparables de la constitution d'une chambre nouvelle viendront retarder encore la discussion de cette mesure. En attendant, le mal reste sans soulagement ; la situation des intérêts s'aggrave de plus en plus ; et il est constaté que nos colonies, notre commerce avec elles, succombent et périssent incessamment , sans un amendement à la cause qui les a déjà amenés si près de leur ruine.

Ces intérêts sont trop puissans et trop nombreux pour être ainsi plus long-temps délaissés à l'action du mal qui les altère chaque jour plus profondément. Quand , après le conseil supérieur du commerce, le gouvernement lui-même a reconnu qu'un dégrèvement pouvait atténuer le dommage qui en résulte ; quand il l'a trouvé si opportun qu'il en a fait figurer les effets prévus dans les prévisions du prochain budget (1) ; pourquoi le gouvernement qui a usé maintes fois de la faculté d'appliquer , par

(1) « Le dégrèvement de 15 francs sur le sucre colonial est pré
« sumé , en tenant compte de l'élévation de la consommation ,
« devoir atténuer les produits , de 7,353,000 fr. »
Extrait du budget de 1840 présenté par le ministre des finances,
le 22 janvier 1839.

ordonnance, un dégrèvement que de simples considérations d'utilité motivaient, pourquoi n'use-t-il pas de cette faculté, alors que des nécessités impérieuses de conservation en *commandent* l'adoption ?

Une considération arrête le gouvernement : des voix se sont élevées pour combattre cette mesure, en présentant tout dégrèvement sur le droit imposé aux sucres de nos colonies, comme destructif de la fabrication du sucre de betterave.

Mais cette considération, soumise à l'appréciation du conseil supérieur du commerce, a été longuement débattue, et, fondée ou non, elle a cédé, dans l'opinion de ce conseil, devant la nécessité de prévenir d'une ruine certaine des intérêts plus grands et plus nombreux.

Si cette nécessité était telle au mois d'octobre dernier, le temps qui s'est écoulé depuis, et les circonstances n'ont fait qu'y ajouter encore. L'époque actuelle (février) est celle où se disposent les opérations maritimes de toute l'année. C'est le moment des armemens pour les Antilles, et des derniers armemens pour la grande pêche. La promulgation du dégrèvement par ordonnance déterminerait beaucoup d'expéditions que le défaut de cette promulgation arrêtera nécessairement. De là, selon l'une ou l'autre alternative, il y aura donc augmentation ou réduction dans le nombre des armemens et des marins employés; — augmentation ou réduction dans l'exportation de nos produits agricoles et manufacturés; — activité ou suspension de travail dans tous nos départemens maritimes et à l'intérieur.

Ces résultats sont graves : ils appellent un examen sérieux des causes qui ont amené la situation qui les provoque;—des conséquences qu'elle entraîne; — et des moyens qui peuvent y remédier.

Résumons d'abord les faits principaux qui ont précédé cette situation :

Lorsque la France reprit possession, en 1814, de quelques unes de ses anciennes colonies, leur production, ruinée pendant l'occupation anglaise, ne fournissait plus qu'une quantité de sucre insuffisante à sa consommation. Une ordonnance du 23 avril 1814 admit les sucres étrangers à y concourir, à un droit égal de 40 fr. par 100 kilog., sans distinction d'origine.

Mais, en rentrant sous la domination de leur ancienne métropole, nos colonies furent placées sous la double obligation de s'approvisionner exclusivement en France, et de n'importer qu'en France, et par navires français, toutes leurs denrées.

Cette double obligation rendait juste et nécessaire une protection en faveur de leurs produits. La loi du 17 décembre 1814 y pourvut, en surtaxant les sucres étrangers. Elle établit à 44 fr. par 100 kilog. le droit sur les sucres bruts de nos colonies, et éleva à 66 fr. celui sur les sucres étrangers (1).

Ce fut là une application de ce qu'on a appelé le *Système protecteur*.

Deux ans n'étaient pas écoulés qu'un changement fut apporté à ces premiers tarifs. La loi du 28 avril 1816 éleva à 49, 50 le droit sur le sucre de nos colonies (2), et à 77 fr. celui sur les sucres étrangers.

La loi précédente avait limité la protection à une surtaxe de 22 fr. par 100 kilog., celle qui la suit l'étend à 27 fr. 50. Cette extension, quoique peu considérable, mérite cependant d'être signalée, comme le premier pas fait dans l'exagération du système protecteur, exagération dont les effets n'ont pas été sans influence sur la situation actuelle.

La protection accordée à nos colonies porta ses fruits. Elle y développa une production rapide qui, de 17 millions de kilog. en 1816, s'éleva à 30 millions en 1818. La consomma-

(1) Ces chiffres comprennent le décime ajouté au droit.
(2) Ce droit de 49, 50 a été maintenu depuis sans variation.

tion marchait alors du même pas. Elle absorba, dans cette même année, 36 millions de kilog., dans lesquels les sucres étrangers entrèrent pour 6 millions (1).

Les prix des sucres qui, en 1816, était de 180 fr. les 100 kilog., descendirent à 149 fr.; ce qui, déduction faite du droit, représentait environ 100 fr. par 100 kilog., dans les entrepôts de nos ports. On réclama une protection plus étendue. Une loi du 7 juin 1820 ajouta 5 fr. à la surtaxe des sucres étrangers.

Mais la paix avait aussi imprimé un nouvel essor à la production des colonies étrangères. Il en résulta une baisse générale sur tous les marchés de l'Europe. Cette circonstance passagère donna lieu à de nouvelles instances de la part des colons. La loi du 27 juillet 1822 y déféra, en élevant encore le droit sur les sucres étrangers. Elle le porta à 99 fr. 50, ce qui établit la surtaxe à 50 fr. par 100 kil.

Une pareille surtaxe, équivalente à une prohibition, assurait le monopole des marchés français au sucre de nos colonies; déjà, dans cette même année, leur production avait fourni 52 millions de kilog. à la consommation française.

Alors, maîtresse de nos marchés, la produc-

(1) Compte rendu de l'enquête de 1828.

tion coloniale en détermine à peu près seule les prix ; et sauf les réductions que les saisons apportent à leurs récoltes, la production du sucre continue à s'accroître dans nos colonies.

En 1826, elle s'élève à 73 millions de kilog. pendant que la consommation n'en réclame encore que 54 millions. — Cet excédant de production amène la loi du 17 mai 1826 qui accorde 120 fr. à l'exportation de cent kilog. de sucre raffiné. — Cette loi avait pour but de développer l'industrie du raffinage en France, « et d'assurer la préférence aux sucres de nos « colonies dans les fabrications destinées à ap- « provisionner les marchés du dehors (1). » — Le chiffre de 120 francs fut ainsi fixé pour offrir la représentation « non seulement de tout « le droit supporté par le sucre matière, mais « encore du *surprix* opéré par la surtaxe impo- « sée aux sucres étrangers (2) »; c'est-à-dire une prime équivalente à cette surtaxe.

Cette prime avait pour résultat de maintenir, sur nos marchés, les prix des sucres à des taux élevés. Nos colonies n'apercevaient pas qu'à la faveur de cette élévation de prix, dont elles croyaient seules profiter, et surtout à l'abri du droit qui frappait leur sucre, naissait en France un autre sucre, rival bien plus dange-

(1) Enquête de 1828, page 11.
(2) Idem.

reux pour elles que les sucres étrangers, Telle
était leur préoccupation à l'égard de ces derniers que, bien que la production du sucre de
betterave eût été déjà, lors de l'enquête de 1828,
officiellement constatée à près de cinq millions
de kilog., cependant les organes de nos colonies
ne formulèrent aucune réclamation contre
l'exemption de droit dont ce sucre jouissait. Il
est vrai que, grace à la prime, cette production n'altérait pas alors sensiblement les prix à
l'intérieur.

Mais toujours merveilleusement servi par la
science, et par les moyens les plus avancés de
l'industrie, le sucre de betterave se perfec-
tionne sans cesse et s'accroît rapidement ; chaque année il se présente en plus grande abondance sur nos marchés. Aussi, de 1828 à 1833
voyons-nous des quantités de sucre de plus en
plus considérables venir demander à la prime
le moyen de s'écouler à l'étranger. Les sommes que ces exportations réclamèrent à cette
époque devinrent si importantes, et constituè-
rent au trésor un tel déficit (1) que le gouvernement reconnut enfin la nécessité de mettre
un terme à des exportations si onéreuses à
l'État. En effet, il y avait là un abus très grave: la
somme de 120 francs appliquée à 100 kilog. de

(1) Dans la seule année de 1832, les sommes payées par le trésor
à l'exportation des sucres raffinés se sont élevées à 19 millions.

sucre raffiné provenant de sucres coloniaux, ne constituait au trésor d'autre sacrifice que la prime, sacrifice que la loi du 17 mars avait attribué à ces exportations. Mais cette même somme s'appliquant à des sucres raffinés provenant de sucres indigènes affranchis de tout droit, le trésor se trouvait alors en perte, non plus de la prime seulement, mais de toute la somme qu'il déboursait.— Et comme de 1828 à 1833 la moyenne de la production coloniale est plutôt restée inférieure que supérieure à la consommation, il est évident que ce sont les sucres indigènes seuls qui ont déterminé ces exportations si onéreuses, et que la loi du 26 avril 1833 a eu pour but de faire cesser.

Cette loi supprima bien effectivement l'abus de la prime, mais ne fit rien contre la cause qui provoquait cet abus.

Qu'en est-il résulté? le sucre colonial et le sucre de betterave sont restés dans les mêmes conditions de production, mais non plus avec le débouché que la prime leur avait ouvert à l'étranger. La production coloniale ne s'est pas accrue; elle a même éprouvé des réductions sensibles; et, depuis 1831, la moyenne des quantités importées est de beaucoup inférieure à la consommation actuelle.—La production du sucre de betterave, au contraire, s'est développée si considérablement que, malgré les progrès continus et remarquables de la consommation, évaluée aujourd'hui à 115 ou 120 millions de kilog., néanmoins les prix ont fléchi successivement. La baisse à laquelle ils sont descendus, au moment où nous écrivons, est telle, que 50 kilog. de sucre colonial vendus dans nos ports laissent à peine au colon un produit brut de 12 francs dans son habitation.—A ce prix la production est aujourd'hui impossible dans nos colonies(1).

Cette dépréciation est le résultat d'une quantité de sucre excédant les besoins de la consommation. Pendant que, d'une part, la production coloniale, depuis 1828 à 1837, n'a pas dépassé en moyenne 79 millions de kilog., le sucre de betterave qui, en 1828, ne fournissait pas encore 5 millions de kilog., atteint aujourd'hui 55 à 60 millions de kilog. Les quantités réunies des deux productions dépassent donc de 20 à 25 millions de kilog. les besoins de la consommation. Cet excédant provoque la dépréciation qui amène la perturbation actuelle.

Si la surabondance de cette dernière production était l'effet de causes naturelles, le gouvernement n'aurait point à intervenir. La pro-

(1) Voir les comptes, pages 110 et 111.

duction indigène se réduirait bientôt d'elle-
même, l'intérêt des producteurs leur faisant
une loi de la régler, comme toutes les autres
productions, sur la demande et les besoins de
la consommation; mais dans la crise actuelle
telle n'est pas la situation:

Pendant que le sucre de nos colonies est resté
toujours frappé d'un impôt de 49 fr. 50 c. par
100 kil., le sucre de betterave en a été affranchi. Un hectare de terre produisant une quantité de betterave qui fournit en moyenne
2,000 kilog. de sucre, l'affranchissement de
cet impôt constitue donc, en faveur du produit
obtenu sur un hectare, une véritable prime de
990 francs.

Là est la cause de ce développement dont la
rapidité étonne, alors que, sans tenir compte
du fait qui la détermine, on la compare avec la
lenteur qui accompagne toujours le développement des autres productions.—Là est le se-
cret de cette augmentation de valeur donnée
à la terre, aux fermages, et aussi de ces
nouveaux élémens de travail offert aux ouvriers employés à la fabrication du sucre indigène.

Affranchissez de 990 fr. d'impôt un produit
quelconque pouvant s'obtenir sur un hectare de
terre, pendant que vous maintiendrez cet impôt

sur le produit similaire, et vous verrez se renouveler sans peine des développemens de productions, des plus-values de terres et de fermages, des élémens de travail non moins considérables sans doute que ceux dont on a fait honneur au sucre indigène.

Si donc il y a eu développement rapide et excédant considérable de production du sucre de betterave, ce n'est pas à des conditions naturelles ou qui soient propres à cette industrie qu'il faut l'attribuer; ce développement extraordinaire est l'effet unique d'une cause étrangère, exceptionnelle, en un mot, de *l'exemption* de l'impôt, c'est-à-dire d'un *privilége*; et c'est pourquoi l'ordre est troublé, c'est pourquoi le gouvernement est forcé d'intervenir.

Un pareil privilége devait nécessairement surexciter, et surexcitera toujours tant qu'il subsistera, la production du sucre indigène au delà des limites naturelles et raisonnables. Il n'en saurait être autrement, car une immunité aussi considérable fait créer des fabriques là où, sans elle, des fabriques ne se créeraient pas. En effet, ce ne sont pas les conditions nécessaires à leur prospérité qu'on a consultées; ce ne sont pas non plus les besoins de la consommation qui ont déterminé la formation de la plupart des établissemens existans, mais uniquement l'affranchissement d'impôt. La preuve matérielle de ce fait se trouve dans le dire des fabricans eux-mêmes, lorsqu'ils ont déclaré qu'il était impossible à leur industrie de supporter le moindre impôt à côté du sucre colonial.

Alors qu'il en est ainsi, il est évident que le sucre de betterave ne se produit qu'aux dépens des sacrifices auxquels l'état s'est soumis en ne l'imposant pas, ou en l'imposant moins que le sucre de nos colonies.

L'affranchissement ou l'infériorité d'impôt sur le sucre indigène sont donc, en réalité, les causes véritables de la perturbation actuelle, et du dommage qui en résulte; dommage grave, qui s'est accru en proportion du développement du sucre de betterave; dommage tel aujourd'hui qu'il rend imminente la ruine de nos colonies, de notre commerce maritime et de tous les intérêts qui s'y rattachent.

Mais nos colonies, mais notre commerce maritime et tous les intérêts qui s'y lient ne sont pas moins français que le sucre de betterave. Avant de voir consommer leur ruine, il est utile d'examiner la part respective de ces divers intérêts dans la question.

Nos colonies sont françaises. A ce titre seul déjà elles ont droit aux sympathies, à l'appui et à la justice de la France. C'est la France qui les a créées pour son utilité, et pour ajouter à sa prospérité et à sa puissance. Ce sont des Français qui les habitent. Tout ce qu'elles produisent fait partie de la richesse de la France; tout ce qu'elles consomment leur vient d'elle; ce sont nos lois qui les régissent; des Français, nommés par le gouvernement du roi, qui les administrent; enfin nos colonies sont des départemens maritimes français. La loi, en surtaxant les denrées étrangères similaires à celles de leur production, a, par là, classé les denrées de nos colonies au rang des produits nationaux; et, lorsqu'elle les a taxées, ce n'est point un droit protecteur d'un autre produit métropolitain qui n'existait pas, mais un *impôt de consommation*, auquel elle les a assujéties, parce qu'elle a jugé que ces denrées étaient de nature imposable.

Le sucre, principale production de nos colonies, est l'élément spécial de leur commerce avec la métropole. Seul il nous procure l'emploi de plus de quatre cents navires, de plusieurs milliers de marins, et a créé, pour la France, l'industrie du raffinage, qui a aussi son importance.

2.

Aujourd'hui, au lieu de se trouver protégé par une surtaxe, le sucre de nos colonies se trouve, au contraire, sur nos marchés, en concurrence avec le sucre de betterave, affranchi jusqu'à ces derniers temps de toute taxe, et frappé, depuis peu seulement, d'un impôt de 11 fr. par cent kilog., impôt qui doit s'élever plus tard à 16 fr. 50 c., pendant que le sucre de nos colonies reste toujours grevé de 49 fr. 50 c.

Il y a là une violation manifeste du pacte colonial. Cette violation est une injustice trop grave dans son fait et dans ses conséquences pour ne pas appeler une prompte réparation.

Ce serait un malheur pour le sucre de betterave, si, affranchi des frais que le sucre de nos colonies paie à notre navigation pour arriver dans nos ports, le premier ne pouvait encore aujourd'hui, avec un pareil avantage, supporter un impôt égal à celui qui frapperait le sucre de nos colonies. Tant qu'il en serait ainsi, le sucre indigène conserverait le rang qui lui appartient parmi les belles conquêtes de la science, mais ne saurait prétendre à se classer et se maintenir parmi les produits de l'industrie; car, pour appartenir à l'industrie et au commerce, la production au meilleur marché est une condition indispensable, une condition *sine qua non*, parce qu'elle est dictée par l'intérêt de tous, contre lequel aucun intérêt privé ne saurait prévaloir. Sans cela, il y a lésion, dommage pour tous les autres ; et c'est ce qui explique pourquoi la question qui s'agite émeut si vivement tant d'intérêts à la fois.

En effet, ce n'est pas, comme on a affecté, comme on affecte encore de le dire, une simple lutte entre le sucre des colonies et le sucre de betterave dont il s'agit aujourd'hui ; la lutte a une portée bien autrement grande, et que vainement on essaierait de méconnaître ou de restreindre. Tous les intérêts du pays sont en cause dans le débat, en opposition directe avec l'intérêt *isolé*, *unique*, du sucre de betterave.

Là est le point véritable de la question : d'un côté, l'intérêt colonial, et avec lui tous les intérêts français qui s'y lient, blessés par l'exemption ou l'inégalité de l'impôt ; de l'autre, le sucre indigène qui, né de cette violation de la loi la plus juste, la plus nécessaire, sollicite toujours et réclame toujours pour *lui seul* le maintien de cette violation au préjudice de tous les autres intérêts qui en souffrent.

Bien que condamnée d'avance par la plus vulgaire justice, puisque cette exorbitante prétention trouve encore des solliciteurs qui l'élèvent à leur profit particulier, et des organes qui la défendent, il est nécessaire d'examiner les motifs sur lesquels on la fonde. Pour cela, il faut remonter à l'origine de cette industrie.

Importée de la Silésie en 1809, à l'époque du blocus continental, cette industrie, encore dans l'enfance, fut accueillie avec faveur. Par son décret du 15 janvier 1812, Napoléon établit cinq grandes écoles pour la propager; et, pour encourager la création des établissemens, il assura aux *cinq cents premières fabriques qui s'établiraient de* 1812 *à* 1813 *le privilége d'être affranchies de tout impôt* PENDANT QUATRE ANNÉES.

Malgré cet encouragement, et le prix alors si élevé des sucres, peu de fabriques s'établirent; la production du sucre de betterave ne prit aucun développement. Elle resta inaperçue, et semblait même abandonnée, lorsque plus tard l'application de nouveaux procédés industriels lui fit faire des progrès assez rapides pour que l'un des principaux fabricans, M. Crespel-Delisse, pût déclarer, dans l'enquête de 1828, « qu'il avait la *certitude qu'avant dix ans* le su- « cre de betterave *pourrait suffire à toute la* « *consommation de la France, et que ses pro-* « *duits pourraient entrer en concurrence, à*

« *conditions égales, avec ceux des sucreries co-*
« *loniales* (1). »

L'enquête de 1828 constata l'existence de
90 fabriques produisant ensemble environ cinq
millions de kilog. Cette circonstance fut, dans
le sein de la commission, le motif d'observa-
tions et de discussions contre l'exemption d'impôt dont le sucre de betterave jouissait. On op-
posa que « l'assujétissement de cette industrie
« à un droit quelconque ruinerait la presque
« totalité des fabriques alors existantes, et de-
« viendrait une véritable interdiction pour l'é-
« tablissement de fabriques nouvelles (2). »

On présenta la fabrication du sucre de betterave comme ouvrant une ère nouvelle de
prospérité à TOUTE l'agriculture française, si
bien que chaque cultivateur semblait être
appelé *à faire lui-même son sucre.*

Toute l'agriculture, accueillant avec confiance
les annonces de l'industrie nouvelle qui se pré-
sentait comme devant lui assurer à jamais une
source féconde de prospérité, toute l'agriculture vint en aide aux fabricans de sucre indigène. Oubliant que les industries qui portent
réellement en elles des conditions de vitalité
n'ont pas besoin de faveurs aussi exagérées,

(1) Rapport de M. le comte d'Argout, page 267.
(2) Enquête de 1828, page 177.

toute l'agriculture française a réclamé, au profit particulier de cette industrie, le maintien
d'une immunité contraire à toutes nos lois ;
sans s'apercevoir que si nos lois sont faites
dans les intérêts généraux du pays, ce qui est
contraire à nos lois est par là même contraire
aussi aux véritables intérêts de la France.

Malheureusement le gouvernement, gardien
de ces mêmes intérêts, a méconnu lui-même ce
grand principe de la concurrence illimitée entre les produits nationaux. Cédant aux instances d'un engouement irréfléchi, le gouvernement a eu le tort de le propager en maintenant
cette violation de la loi. La situation actuelle
en est à la fois l'effet et la preuve.

A la suite de l'enquête de 1828, le ministre
du commerce déclarait à la tribune que « les
« espérances qui s'attachaient à cette fabrica-
« tion nouvelle embrassaient tout à la fois une
« *immense et magnifique exploitation du sol*, et
« *un vaste développement de travail industriel.*
« Il serait donc permis de croire, ajoutait-il,
« qu'une *grande révolution* se prépare dans le
« sort du plus riche produit des tropiques. Si
« elle doit s'accomplir, *nos colonies*, *notre com-*
« *merce maritime*, en ressentiront *un grand*
« *choc*. Le *revenu public* aussi s'y trouvera *en-*
« *gagé*, avec des chances de compensation pour-

« tant, car il est des consommations sur les-
« quelles il s'abstient difficilement de s'asseoir.
« Ce serait une *grande faute* que de le faire in-
« tervenir avant le temps. L'impôt ne doit ja-
« mais atteindre une industrie que lorsqu'elle
« est complète et qu'elle a accompli toutes les
« conditions de succès (1). »

En 1812, alors que la France était totale-
ment privée de ses colonies, Napoléon trouvait
qu'affranchir de l'impôt, pendant *quatre années*, les cinq cents fabriques qui s'établiraient
les *premières* de 1812 à 1813, était un encouragement suffisant à cette industrie naissante et
qu'il avait à cœur de favoriser.—En 1829, alors
que depuis quinze ans la France était rentrée
en possession de ses colonies ; alors que depuis
quinze ans elle y avait encouragé la production du sucre, au point où elle est aujourd'hui ;
alors que les produits avoués de la nouvelle
industrie atteignaient déjà cinq millions de kilog., le ministre du commerce, pour qui Napoléon n'était plus une autorité, déclare que ce
serait une *grande faute* de faire intervenir l'impôt avant que cette industrie *eût accompli toutes ses conditions de succès.* Et c'est après avoir
constaté que le produit de l'industrie nouvelle

(1) Exposé des motifs, 1829.

est éminemment imposable; c'est après avoir établi que le développement de cette industrie *engage* le revenu public, *compromet* le sort de nos colonies et de notre commerce maritime que le ministre, chargé de veiller à la conservation de ces grands intérêts, vient conclure que ce serait une *grande faute* de soumettre à l'impôt les produits de cette industrie, avant qu'elle ait *accompli* les développemens dont il *signale d'avance les funestes effets!!!*

Étrange préoccupation! erreur fatale qui lègue à notre époque les résultats déplorables que nous voyons s'accomplir; car *cette grande révolution, ce grand choc* pour nos colonies, pour notre commerce maritime, prévus, annoncés par le ministre, c'est la *situation actuelle.*

Alors qu'on la prévoyait, qu'a-t-on fait du moins pour en atténuer les dommages ?— RIEN. On s'est borné à les constater d'avance et à en rendre l'instant *plus prochain*, en FAVORISANT, par le maintien de l'affranchissement de l'impôt, le développement de l'industrie qu'on annonçait et qu'on savait devoir produire ces dommages!!!

Faut-il s'étonner maintenant de la détresse où se trouvent aujourd'hui nos colonies, notre commerce maritime, quand ceux-là mêmes qui devaient en être à la fois les conservateurs et les organes légaux ont proclamé que ce serait une *grande faute* de soumettre à l'impôt un produit reconnu *éminemment imposable*, avant que son développement eût accompli ses effets prévus, c'est-à-dire *engagé le revenu public*, et *compromis* le sort de nos colonies et de notre commerce maritime!

Le moment est venu de savoir enfin ce qu'est réellement le sucre indigène pour prévaloir sur de tels intérêts. On a beaucoup promis en son nom. Voyons si les faits ont réalisé les promesses; voyons si les avantages du sucre de betterave compensent véritablement les sacrifices que cette industrie impose à tous les autres intérêts du pays; car c'est là, en définitive, que se résume toute la question.

En examinant d'abord les lieux où cette production s'est développée, nous remarquons que ce n'est pas dans des landes, dans des parties incultes, mais seulement dans les parties les plus fertiles, les mieux cultivées de la France; en un mot, c'est surtout dans quatre ou cinq départemens du nord, les plus renommés par la fécondité de leur sol, par la variété et le perfectionnement de leur agriculture, que cette production s'est propagée et s'est en quelque sorte concentrée. Elle y a pris la place des

céréales, du lin, du chanvre, des graines oléa-
gineuses, des pâtures, enfin de produits tous
infiniment utiles à l'agriculture, au commerce
et à la consommation du pays ; et si, comme
l'observe M. de Dombasle, dont on ne saurait récuser l'autorité, l'introduction d'une
nouvelle récolte n'enrichit l'agriculture que
« *lorsqu'elle fournit un moyen d'utiliser des
terrains qui, sans elle, seraient improductifs* (1), » il est évident que le sucre de betterave, uniquement obtenu jusqu'ici, en remplacement d'autres produits, n'a pas créé une
richesse nouvelle pour le pays. Cela est si vrai
que nous avons vu, dans les départemens où
cette production s'est le plus développée, d'autres industries réclamer contre le privilége
qui amène sa substitution à d'autres produits.
« Une pétition des agriculteurs et des brasseurs
« de bière de Valenciennes a signalé la *surex-
« citation factice* de cette industrie, comme
« enlevant aux autres leurs bras, leurs capi-
« taux et leurs élémens de travail (2). La culture
« de l'orge, ajoutaient-ils, menace de disparaî-
« tre du nord de la France (3). »

(1) Mémoire M. Dombasle, 1829. (*Moniteur 8 du juillet*
1837.)
(2) Discours du ministre des finances, 16 juin 1837.
(3) Rapport de M. le comte d'Argout, 6 juillet 1837.

Et cependant on n'a cessé de présenter le sucre indigène comme intéressant au plus haut degré *toute* l'agriculture du royaume ; comme étant si indispensable à sa prospérité générale que, le soumettre à un impôt, c'était, disait-on, porter le coup le plus funeste à *toute l'agriculture française.*

A-t-on dit vrai ? — La prospérité de notre agriculture générale importe trop au pays, pour ne pas étudier avec soin les causes qui peuvent réagir sur elle. Son premier besoin est d'être éclairée et non pas égarée ; car il lui importe surtout de ne pas être poussée dans des voies dont l'expérience n'aurait pas justifié les résultats utiles. Aujourd'hui que le sucre indigène est parvenu à une quantité considérable de production, examinons si l'influence qu'exerce cette industrie est réellement aussi étendue, aussi favorable à toute l'agriculture nationale qu'on l'a prétendu.

Les faits nous ont appris maintenant ce qu'était cette *immense et magnifique exploitation du sol* officiellement promise à la France en 1829, au nom de cette industrie. Aujourd'hui nous savons positivement que soixante mille hectares au plus suffiraient à la production de tout le sucre actuellement nécessaire à la consommation de la France. Or, très heureusement la France compte plus de trente-quatre millions d'hectares en culture, et soixante mille hectares ne représentent pas la surface cultivée d'un simple arrondissement.

Les faits nous ont appris aussi que toute la France ne saurait, comme on l'en a flattée, participer à la production du sucre indigène, alors qu'il est reconnu que cette fabrication exige des conditions indispensables que très peu de localités possèdent. Ces conditions sont permanentes et consistent principalement dans la fertilité du sol (1), dans le combustible à bon marché (2), dans les moyens de transport peu coûteux, dans le voisinage des grands centres de population. C'est pourquoi nous voyons que, malgré l'immunité dont elle jouit, cette fabrication s'est concentrée à peu près exclusivement dans quatre ou cinq départemens limitrophes, dont un, le département du Nord, réunit à lui seul plus de la moitié des fabriques

(1) Dans la région du nord, le rendement de l'hectare, en betteraves, est de 35 à 45 mille kilog., quelques terrains en produisent 60 mille kilog. Dans les autres parties de la France, le rendement ordinaire est de 16, 20 et 25 mille kilog. au plus. (*Rapport de M. le comte d'Argout*, 6 *juillet* 1837.)

(2) Il faut 5 hectolitres de charbon pour fabriquer 100 kilog. de sucre indigène. A Valenciennes le charbon coûte 1 fr. 50 c. l'hect., ce qui fait 7 fr. 50 c., pour les 5 hect. Dans tel autre département du centre ou de l'est, ces 5 hect. reviennent à 22 fr. 20 c. (*Rapport de M. le comte d'Argout.*)

existantes. Ce fait acquiert plus d'importance
encore quand on voit que, « sur six cent cin-
« quante-neuf communes dont se compose le
« département du Nord, cent cinquante-une
« seulement possèdent des fabriques, et, dans
« les arrondissemens de Lille et Valenciennes,
« quatre-vingt-cinq communes seulement sur
« deux cent dix contiennent des manufactures;
« tant les usines se *serrent* et se *pressent* sur
« les localités qui leur sont favorables (1). » Il
résulte de cette concentration, suivant M. Dumon, « que les *deux arrondissemens de Lille et*
« *Valenciennes*, contribuent à *eux seuls* pour
« plus des trois cinquièmes à la production du
« département du Nord, pour plus d'un tiers
« à celle de la région des cinq départemens,
« et pour plus d'un quart à celle de toute la
« France (2). »

Des essais nombreux sur divers autres points
du territoire ont été marqués par des résultats
si funestes pour ceux qui les ont tentés, qu'il
serait difficile de penser que cette industrie
puisse s'y acclimater jamais avec avantage. Le
midi, par exemple, ne saurait y participer qu'au
détriment de ses plus précieux intérêts; car

(1) Rapport de M. le comte d'Argout à la Chambre des pairs, 1837.
(2) Rapport de M. Dumon à la Chambre des députés, 1836.

ce n'est pas quand toutes les terres qu'il peut consacrer à la culture des céréales sont insuffisantes pour satisfaire aux besoins de sa population, et à la production des fourrages indispensables à son agriculture, que le midi trouverait avantage à réduire encore ces deux productions si essentielles pour leur substituer un produit de luxe, et d'une nécessité moins absolue.

Ainsi, il est constant aujourd'hui que toutes les parties de la France ne sont pas appelées à prendre part à cette fabrication, mais seulement une portion, et cette portion se trouvera toujours d'autant plus restreinte qu'une faible surface suffira toujours à produire tout le sucre que la France peut consommer.

On ne saurait prétendre que les diverses branches d'agriculture qui s'appliquent à toutes les productions autres que le sucre indigène soient lésées de la taxe qui le frapperait. La prospérité de ces diverses branches, et assurément elles sont nombreuses, ne saurait évidemment pas en souffrir.

Il n'y aurait tout au plus qu'une branche particulière, unique, celle qui cultive la betterave pour la fabrication du sucre.

Mais déjà celle-ci n'est qu'une fraction, et une fraction bien minime de l'agriculture gé-

27

33

nérale; et quelque importance qu'on se plaise à lui supposer dans l'avenir, elle ne pourra jamais constituer qu'une de ses branches les plus faibles, alors que 60 mille hectares suffisent à la production de tout le sucre que la France consomme aujourd'hui (1). Dans tous les cas, sous l'empire de la Charte qui nous régit, cette fraction ne saurait prétendre jamais être affranchie des charges auxquelles la loi soumet les autres branches de l'agriculture nationale.

Dès lors, quand la loi frappe d'un impôt l'eau-de-vie de grains, la bière, le vin, comment le sucre de betterave a-t-il pu ne pas y être assujéti? Ces produits n'appartiennent-ils pas aussi à notre agriculture nationale, au même titre que le sucre de betterave? Celui-ci est-il plus utile, plus indispensable, plus profitable au pays? est-il enfin d'une nature moins imposable, et par là a-t-il dû être affranchi de concourir aux charges de l'état?

Non, cette faible fraction de l'agriculture qui applique la betterave à la production du sucre n'est pas plus engagée dans la question de l'impôt que ne le sont ces autres bran-

(1) La culture n'occupe que 1/152 de la superficie des lieux où elle s'est le plus fortement agglomérée. (*Moniteur du 8 juillet* 1857.)

3

ches de notre agriculture, bien autrement considérables et bien autrement intéressantes pour le pays, et qui s'appliquent à la production des céréales, du vin, etc.; et quand ces dernières restent soumises à l'impôt, comment la première pourrait-elle ne l'être pas, ou l'être moins que ce que sa nature le comporte?

Sous ce premier point de vue, il est incontestable que le sucre de betterave doit être soumis à la loi commune à tous les autres intérêts français; et si l'on ajoute que ce sucre prend la place d'un autre sucre français qui fournissait depuis long-temps au trésor l'une de ses principales recettes, on trouve déjà, dans ce fait seul, un motif suffisant d'appliquer au sucre indigène le chiffre de l'impôt toujours supporté par le sucre dont il prend la place ; sans cela, c'est à d'autres produits français déjà excessivement grevés qu'il faudrait demander de combler le déficit occasionné dans les recettes du trésor, par l'affranchissement ou l'infériorité d'impôt accordés au sucre indigène.

On a fait valoir la fabrication du sucre de betterave comme offrant à l'agriculture de grands avantages pour le nourrissage et la propagation du bétail (1), et aussi comme lui procurant des engrais plus abondans.

(1) Des doutes se sont manifestés sur les qualités nutritives de

L'expérience n'a pas justifié ces avantages.
M. le comte d'Argout a établi par des faits ir-
récusables « que la fabrication du sucre indi-
« gène n'a pu exercer dans le nord qu'une bien
« médiocre influence relativement à l'engrais-
« sage des bestiaux.» Selon des documens plus
récens, il paraîtrait qu'au lieu d'avoir été favorable à l'élève des bestiaux, la fabrication
du sucre indigène a nui surtout en particulier
à l'élève des chevaux par la destruction des
pâtures auxquelles on a substitué la betterave.

Le renchérissement des engrais a été si considérable que l'un des plus habiles fabricans,
M. Blanquet, a déclaré que le prix avait qua-
druplé dans certaines localités (1) ; d'où il faut
conclure que la culture de la betterave, appliquée à la fabrication du sucre, ne produit pas
autant d'engrais que ce qu'elle en absorbe, et
a, dès lors à cet égard, un résultat contraire à
celui qu'on a annoncé.

On a insisté particulièrement sur l'utilité de
la betterave pour l'amélioration et l'assolement
des terres.

---

la pulpe. Plusieurs agriculteurs trouvent que la betterave employée
en nature fournit au bétail une nourriture beaucoup plus abondante et plus saine.

(1) La charretée, qui se vendait 5 fr., est montée à 20 fr.
(*Déclaration de M. Blanquet.*)

3.

Des agronomes distingués, qui ont étudié
avec soin l'emploi de cette racine, ont remarqué que si les grains récoltés après la betterave sont plus nets, les épis sont généralement
plus courts, et par conséquent moins produc-
tifs que dans les mêmes champs où il n'y a pas
eu de betteraves. Ils en induisent naturellement
que la betterave *épuise* le sol au lieu de le fé-
conder. Ce qui pourrait donner de l'autorité à
cette opinion, c'est que sur 24 baux à ferme
passés depuis 1834 jusqu'en 1838, chez les
notaires de l'arrondissement de Dunkerque,
20 baux interdisent formellement la culture
de la betterave d'une manière absolue, et les
4 autres ne la permettent que dans une proportion extrêmement restreinte et limitée.

Néanmoins, c'est principalement sur cet
avantage qu'on a particulièrement motivé la
faveur dont jouit le sucre indigène, en présentant la culture de la betterave comme offrant
un moyen d'assolement profitable à toute l'agriculture; attendu, disait-on, que la fabrication
du sucre « *pourrait se généraliser au point*
« *de devenir une industrie domestique inhérente*
« *à toutes les exploitations agricoles* (1).»

Et cependant, suivant le rapport fait à la
Chambre des députés: « Là où elle s'est déve-

(1) Rapport de M. le comte d'Argout, 8 juillet 1837.

« loppée, *la fabrication du sucre indigène a*
« *plutôt les caractères d'une exploitation ma-*
« *nufacturière que d'une exploitation agricole ;*
« *les petites fabriques y sont à peine connues,*
« *et le nombre des grandes usines y dépasse*
« *de beaucoup celui des moyennes. Les fabri-*
« *cans renoncent à tout assolement ; ils culti-*
« *vent la betterave sur le même sol, dont les*
« *engrais renouvellent la fécondité ; et la plus*
« *importante amélioration agricole est* SA-
« CRIFIÉE *aux exigences de l'activité manu-*
« *facturière* (1). »

Ainsi, il demeure donc constaté aujourd'hui,
quant à l'assolement, que l'intérêt manufacturier est opposé à l'intérêt agricole; c'est-à-dire
que l'avantage principal, sur lequel on s'est
particulièrement étayé pour établir la con-
nexité des deux intérêts, est démenti par l'expérience. Il est évident que les frais de transport de la betterave peuvent avoir une trop
grande influence sur le prix de revient du sucre, pour que les manufacturiers ne cherchent
pas à l'obtenir aussi rapprochée que possible
de l'usine; c'est pourquoi les fabricans culti-
vent la betterave sur le même sol, en *renonçant*
à tout assolement, et par là *sacrifient*, comme

(1) Rapport de M. Dumon à la Chambre des députés, 6 juin
1836.

l'observe M. Dumon, la plus importante amélioration agricole aux exigences de l'intérêt manufacturier.

Déjà les faits ont aussi démontré que non seulement les petites fabriques sont à peine connues, mais que le nombre des grandes usines dépasse de beaucoup celui des moyennes. Il n'en saurait être autrement, car les frais de production diminuant en raison même de l'importance des établissemens, ceux-ci doivent nécessairement rendre impossible la formation des petits. Suivant M. Clément Désormes « la « petite fabrication proprement dite ne paraît avoir, *même sans impôt,* presque aucune « chance de réussite. La fabrication du sucre, « ajoute-t-il, exige des soins et une habileté « dont trop peu de personnes sont capables « pour qu'on puisse penser que cette industrie « se répande indéfiniment (1). »

Il nous paraît en outre difficile de concilier la possibilité de petits établissemens avec l'importance des sommes que les fabricans disent être nécessaires à l'exploitation de cette industrie, quand, pour une fabrique produisant cent mille kilog. de sucre qui n'emploient pas plus de *cinquante* hectares, on évalue le *capital*

---

(1) Enquête de 1836, page 162.

mort à *cent mille francs*, et le fonds de roulement à *cinquante mille francs* (1).

Ne sait-on pas d'ailleurs que la fabrication
du sucre indigène n'est parvenue au point de
perfection où elle est aujourd'hui qu'à l'aide
d'appareils dispendieux dont l'utilité et l'usage
excluent l'idée de leur application possible aux
petites usines. Comment celles-ci, privées des
ressources inhérentes à la nature et à la puissance de ces appareils, pourraient-elles lutter
en concurrence avec les grands établissemens
qui en disposent? Il faudrait ne tenir aucun
compte des faits accomplis; il faudrait méconnaître même l'état naturel du sucre dans la
betterave, pour se flatter encore que, dans un
avenir prochain, la fabrication de ce sucre
puisse se passer de ces appareils dispendieux,
de manière à permettre qu'elle devienne,
comme on l'a prétendu, une industrie *ména-
gère;* cette impuissance a déjà été trop claire-
ment démontrée par M. le comte d'Argout,
dans son rapport si remarquable à la Chambre
des pairs, pour laisser le moindre doute à cet
égard.

Dans ce même rapport, M. le comte d'Argout a signalé aussi la substitution de la bette-

(1) Enquête de 1836, page 154.

rave, appliquée à l'extraction du sucre, comme
ayant déterminé le surenchérissement de
l'huile de colza, au détriment des consommateurs. Lorsque cette substitution a lieu en
remplacement des céréales, il en résulte nécessairement un déficit de celles-ci (1) ; et quand
nous voyons, comme en ce moment, le
moindre déficit de récolte dans quelques départemens occasionner le surenchérissement
du blé dans toute la France, il est permis de
se demander si là ne se trouve pas une sérieuse
considération pour maintenir, dans nos départemens les plus fertiles, la plus grande production possible de blé (2).

Cette utilité se fait sentir davantage si l'on
considère que ce n'est pas seulement un déficit de récolte en France qui peut amener le surenchérissement des grains, mais qu'il suffit que
ce déficit se manifeste dans d'autres états. Aujourd'hui, par exemple, l'élévation du prix des
grains en Angleterre influe encore plus, en ce moment, sur celle de nos marchés, que la réduction

(1) La substitution de la betterave aux céréales occasionne la
perte de la paille si nécessaire à l'agriculture ; et quand on fait
valoir comme principal avantage de la culture de cette racine
ses produits utiles à l'agriculture, il faut aussi tenir compte de
ceux dont elle la prive.

(2) Le département du Nord, qui avait toujours fourni du blé aux
départemens voisins, s'est vu forcé cette année de recourir, pour
ses propres besoins, à ces mêmes départemens.

41

même dans la récolte de quelques uns de nos
départemens. Il y a deux ans, nous avons vu,
pour la première fois, le manque de récolte
aux Etats-Unis réagir sur les prix de nos marchés ; et si la hausse n'a pas été alors plus mar-
quée, c'est parce que, fort heureusement,
l'Europe se trouvait abondamment approvi-
sionnée par une succession de bonnes récoltes
antérieures. Supposez le déficit des Etats-Unis
se reproduisant après quelques années calami-
teuses, on ne peut dire jusqu'où l'élévation
des prix pourrait être poussée en Europe, et
quelles seraient les conséquences de ce surenchérissement.

On voit donc déjà que la part de l'agriculture
dans la question du sucre indigène ne ressemble
en rien à celle qu'on lui a attribuée jusqu'ici,
et que les avantages qu'on lui a si pompeuse-
ment annoncés et promis ne se sont pas réalisés pour elle.

Mais lorsqu'on étudie davantage la part
réelle de l'agriculture générale dans la question, on voit aussi que l'échange des sucres de
nos colonies a fourni annuellement à l'agriculture française un débouché de ses produits
naturels de 16 millions de francs, en moyenne,
pendant la période décennale de 1827 à 1836.
Cette moyenne se fût élevée davantage sans la

décroissance qui s'est opérée dans la période des trois dernières années, inférieures aux trois premières, d'après les états officiels, d'environ 20 pour cent (1). Cette décroissance coïncide précisément avec le développement qu'a acquis le sucre indigène dans cette dernière période.

En présence de ce fait, dira-t-on, alors qu'on ne cesse de gémir, avec raison, sur la détresse de notre agriculture générale, qu'il lui importe peu de conserver de tels débouchés au dehors? Pense-t-on qu'une telle somme de produits agricoles annuellement délaissés aux lieux d'origine améliorerait beaucoup la situation des producteurs?

Non; l'agriculture en général, toute celle qui participe à l'exportation de cette somme de produits, a évidemment un intérêt contraire à celui qu'on a affecté de lui prêter jusqu'ici, quand on a présenté cet intérêt comme dépendant de celui du sucre indigène.

Si nous approfondissons davantage cet examen, la divergence de cet intérêt se manifeste d'une manière encore plus sensible : ainsi, nous avons déjà vu, dans les localités mêmes où cette industrie s'est développée, les culti-

(1) Tableau décennal, résumé analytique, page 56.

vateurs et les brasseurs de bière réclamer contre le préjudice qu'ils en éprouvent ; nous avons déjà vu le midi de la France généralement privé des conditions essentielles à la fabrication du sucre de betterave, et par conséquent sans avantage à s'y livrer. Le midi a une culture spéciale, celle de la vigne, qui constitue sa plus grande richesse agricole. Les vins qui en proviennent trouvent un débouché considérable dans nos colonies, puisque les exportations s'y élèvent annuellement, d'après les états officiels, à 148,000 hectolitres (1). Déjà les effets que nous déplorons ont amené une réduction considérable dans cette branche si essentielle de nos exportations. Le seul port de Marseille, qui, en 1836, avait encore exporté dans nos colonies 86,500 hectolitres de vins, n'en a plus exporté, en 1837, que 44,300 hectolitres; c'est-à-dire que, dans une seule année, l'exportation de Marseille, dans nos colonies, s'est réduite de moitié! Un tel fait ne parle-t-il pas assez haut? Les producteurs de vins sont-ils condamnés à voir se fermer complétement pour eux de pareils débouchés? Trouveront-ils au moins un moyen d'y

(1) Tableau décennal de 1827 à 1836.

suppléer en convertissant ces mêmes vins en
esprits? Mais déjà ceux-ci n'obtiennent presque plus de place dans les départemens où le
sucre de betterave s'est établi, car les sirops
provenant de celui-ci, étant eux-mêmes convertis en esprits, font à ceux des vins du midi
une concurrence qui s'accroît avec le développement du sucre indigène. Cette concurrence
est telle que, depuis plus de trois ans, elle ne
reste pas circonscrite dans les seuls départemens où ces esprits sont produits, mais elle
s'étend aussi à d'autres marchés, et notamment
à celui de Paris, le plus important de tous
pour la vente de ce liquide (1).

Cette branche d'agriculture qui cultive la
vigne, ainsi froissée par une industrie dont le
développement la prive d'un de ses plus importans débouchés au dehors, en même temps
qu'elle vient lui créer une concurrence à l'intérieur, cette branche de l'agriculture n'a-t-
elle aucun droit de se plaindre alors que ce
développement est le résultat d'un affranchissement d'impôt? La culture de la vigne oc-
cupe-t-elle donc une si faible place dans notre

(1) D'après des recherches faites avec attention, le marché de
Paris consomme annuellement environ 9 à 10 mille pièces de 5/6 ;
déjà, en 1837; les 5/6 de betterave sont entrés pour un quart dans
cette quantité.

agriculture nationale pour que ceux qui ont parlé au nom de celle-ci aient toujours tenu si peu de compte des intérêts et des droits de celle-là ?

Nous ne l'ignorons pas ; l'intervention de l'intérêt vignicole, dans la question qui nous occupe, a déjà valu à cet intérêt des imputations fort étranges de la part des organes et des fabricans de sucre indigène. Mais ceux-ci dussent-ils, dans un *nouveau dire* (1), prétendre encore « que *l'intérêt vignicole se nourrit de*

(1) Dans un écrit intitulé *Nouveau dire du sucre indigène*, écrit auquel les principaux fabricans de ce sucre ont ajouté leur adhésion particulière, on lit ce qui suit :

« *Il est en France un intérêt à la fois agricole et commercial*
« *dont la voix haute et fière domine dans toutes les discussions*
« *économiques ; intérêt qui professe un grand dédain pour le sys-*
« *tème protecteur, par la bonne raison que, ne craignant aucune*
« *concurrence étrangère, il n'aura jamais rien à lui demander ;*
« *intérêt fort recommandable sans doute par l'utilité de la con-*
« *sommation qu'il satisfait, par l'abondance des tributs qu'il*
« *verse au trésor, mais qu'on voit avec peine ne supporter*
« *aucun parallèle, se nourrir de la chimère que toutes les indus-*
« *tries doivent lui être immolées, et parodier ce mot d'un*
« *grand monarque en s'écriant : La richesse du pays, c'est moi !*
« *intérêt enfin qui, comme tout ce qui vient du même terroir,*
« *joint à beaucoup de mérite des prétentions encore plus gran-*
« *des..... Tout le monde a nommé la vigne. La vigne donc*
« *voyant de nouveau s'agiter la question des sucres s'est mis en*
« *tête de la confisquer à son profit, comme elle a voulu faire de*
« *la question des fers, comme elle voudra faire de la question des*
« *cotonnades et de la question des laines.* »

Nouveau dire du sucre indigène, par M. Isoard, ancien chef de division au ministère du commerce, page 13.

« *la chimère que toutes les industries doivent*
« *lui être immolées;* que *l'intérêt vignicole*
« *veut confisquer la question des sucres à son*
« *profit,* » nous n'en persistons pas moins à
penser que cet intérêt, profondément blessé
par une industrie dont l'existence et le développement ne s'appuient jusqu'ici que sur une
exemption d'impôt, a des droits incontestables
à demander d'être compté pour quelque
chose dans la question : la vigne ne se substi-
tue à aucune autre culture;—elle fertilise, non
pas 30 mille hectares, mais plus de deux millions d'hectares de terre qui, sans la vigne,
seraient improductifs;— ses produits créent et
alimentent, non pas six cents, mais plus de quatre mille fabriques de distilleries. — L'intérêt
vignicole, auquel les fabricans de sucre indigène prêtent des *prétentions si grandes et si*
fières, ne réclame cependant pour lui aucun
droit protecteur, aucun privilége; — depuis
long-temps il satisfait à toutes les exigences de
l'impôt, et il le subit dans ses formes les plus
rigoureuses. — Depuis long-temps l'intérêt
vignicole verse au trésor l'un de ses plus
abondans revenus (1). — Il est permis, sans
doute, à qui n'a vécu, et déclare ne pouvoir

(1) En 1837, l'impôt sur les vins a produit près de 74,000,000 fr.

vivre qu'avec le privilége ; — à qui proteste toujours contre l'impôt ;—il est permis de dédaigner de pareils titres ; mais ces titres n'en conservent pas moins leur puissance, et donnent à l'intérêt vignicole le droit de dire au sucre indigène :

Non, l'industrie du sucre de betterave NE PROFITE PAS à toute l'agriculture française, comme on l'a prétendu, mais elle NUIT au contraire à des branches beaucoup plus importantes de cette même agriculture.

Il n'est pas avantageux pour l'agriculture d'avoir à prélever, sur ses produits déjà grévés, de nouveaux tributs pour acquitter la part d'impôt que comporte le sucre indigène.

Il n'est pas avantageux pour l'agriculture française de perdre, à l'extérieur, un débouché de ses vins, de ses farines, de ses huiles, de ses légumes, de ses bestiaux, alors que ce débouché s'élève annuellement, au moins, à 16 millions de francs ; mais il est au contraire utile, nécessaire, indispensable même à sa prospérité, de le conserver et de l'accroître.

On a donc égaré l'opinion du pays quand on lui a présenté l'intérêt privé du fabricant de sucre indigène comme étant celui de l'agriculture prise dans son véritable ensemble. Le sucre indigène restera toujours une de ses

branches beaucoup trop faible pour mériter
jamais un tel honneur. Il a droit à prendre
place parmi les autres productions du pays,
mais seulement à la charge d'être soumis à la
loi qui les régit toutes. Quand le principe de
cette loi est une protection égale pour tous,
le sucre indigène ne saurait prétendre être affranchi des charges communes à tous les autres
intérêts; et quand il remplace un produit
français déjà imposé, il ne le peut qu'en res-
tant soumis à la taxe que la loi a trouvé juste
de faire supporter à ce même produit. C'est le
droit de tous les autres intérêts français de réclamer cette application de la loi, parce que
la loi, égale pour tous, n'admet pas de privilége ;— c'est leur droit, parce que l'affranchissement ou la réduction de l'impôt constituent au trésor un déficit auxquel tous les
autres intérêts déjà grevés seraient obligés de
faire face ;—c'est leur droit enfin, et ce droit
acquiert ici une nouvelle force, parce que
l'affranchissement ou l'infériorité de la taxe sur
le sucre indigène, ayant pour résultat la perte
de débouchés importans pour ces diverses
branches de notre agriculture, il est de leur
intérêt pressant de les conserver.

Serait-ce bien réellement dans l'intérêt véritable de l'agriculture qu'on lui promettrait

encore aujourd'hui ce que les faits contredi-
sent? Seraient-ils des amis utiles à sa prospérité ceux qui diraient encore à l'agriculture que
la fabrication du sucre de betterave peut être
le partage de toutes les exploitations agricoles,
alors qu'il est certain que cette industrie nécessite la réunion de conditions que très peu
de localités possèdent, et alors qu'une surface
très réduite suffira toujours à la production du
sucre nécessaire à la consommation de la
France? Seraient-ils ses amis ceux qui lui lais-
seraient ignorer que le développement du sucre indigène la prive d'un débouché annuel de
plus de 16 millions de ses produits? Ceux qui
ne lui diraient pas que la plus importante amélioration que l'agriculture pourrait retirer de
cette fabrication est sacrifiée aux exigences de
l'intérêt manufacturier? Enfin, ceux qui ne lui
apprendraient pas que la fabrication du sucre
indigène n'est pas un *intérêt agricole*, mais
seulement un *intérêt manufacturier*, tout-à-
fait distinct et séparé de celui de l'agriculture?

En effet, en admettant même que la betterave ait réellement toutes les qualités, tous
les avantages agricoles qu'on lui a attribués,
cela reste toujours étranger à la question. L'intérêt de l'agriculture proprement dite n'y est
nullement engagé, car l'impôt n'atteint pas la

4

betterave dans aucun de ses emplois, ni de ses usages agricoles. Il est loisible à tout agriculteur d'ensemencer ses champs en betterave partout où bon lui semble ; il lui est loisible de la faire entrer dans l'assolement régulier et irrégulier ; de l'employer à améliorer la terre, s'il la trouve propre à ces usages ; il lui est loisible de l'employer au nourrissage des bestiaux ; en un mot, il lui est loisible de l'utiliser *partout*, *comme il l'entend ;* aucune taxe ne l'en empêche. - *L'impôt respecte la betterave tant qu'elle s'applique à des usages agricoles.* Mais quand la betterave a satisfait à toutes ces conditions agricoles, quand elle a cessé d'appartenir à l'agriculture, en un mot, quand elle a cessé d'être betterave, et que l'industrie s'en est emparée pour en extraire un produit nouveau, un produit de luxe, du sucre enfin, comment et pourquoi ce sucre ne serait-il pas soumis à un impôt égal à celui que la loi trouve juste de faire supporter à un autre sucre français? En quoi l'agriculture a-t-elle alors à se plaindre? L'impôt ne frappe-t-il pas aussi d'autres produits dont l'agriculture a également fourni la matière première? Pourquoi ne réclamerait-elle pas au même titre, quand il frappe ceux-ci, comme on réclame en son nom, quand il veut atteindre celui-là ?

Il faut le reconnaître : un engouement général a parfaitement servi jusqu'ici l'intérêt privé de ceux qui exploitent cette industrie, en présentant cet intérêt comme celui de toute l'agriculture du royaume. Cet engouement a été tel qu'une commission spéciale d'une société savante et justement célèbre (1) a déclaré que, *s'il fallait choisir entre l'exemption des droits sur le sel, la libre culture du tabac, le sacrifice même du dernier dégrèvement de l'impôt sur les vins* (2), *et l'ajournement de tout droit sur le sucre indigène, il faudrait, avant tout, préférer la conservation de cet art nouveau.*

Cependant les faits démontrent aujourd'hui que le sucre indigène est loin d'être pour l'agriculture générale ce qu'on a prétendu. L'agriculture est malheureusement dans un état de langueur et de souffrance qu'on ne saurait trop déplorer. — Une industrie nouvelle s'est présentée; elle n'a pas manqué d'organes officiels et officieux qui ont dit à l'agriculture: « L'industrie « du sucre indigène offrira une vaste et magni- « fique exploitation du sol ; elle sera la source « de toutes les améliorations agricoles les plus

(1) Rapport fait à la Société d'encouragement par l'industrie nationale.

(2) Ce dégrèvement a été de 40 millions environ. Après ce dégrèvement, les vins acquittent encore au trésor 74 millions. C'est le chiffre perçu en 1837.

4.

« étendues; cette industrie sera celle de toutes
« les fermes, car elle deviendra une industrie
« domestique, inhérente à toutes les exploita-
« tions agricoles. » L'agriculture a eu foi dans
ces promesses; elle les a accueillies comme des
réalités, et l'agriculture a couvert de toutes les
sympathies qu'elle inspire un intérêt qui n'é-
tait pas le sien.

En effet, sur quoi s'est-on fondé, sur quoi
a-t-on toujours insisté quand il s'est agi du sucre indigène? toujours sur l'intérêt de l'agriculture. On a présenté l'industrie nouvelle
comme inhérente et indispensable à toute
l'agriculture du royaume. Vainement les faits
sont-ils venus constater que cette industrie
n'avait point réalisé ce qu'elle avait promis;
vainement ils ont prouvé que là où elle s'était
le plus développée, l'intérêt agricole était *sacrifié* aux exigences de l'intérêt manufacturier, ce dernier persiste à s'effacer toujours; et
c'est toujours au nom de l'agriculture que se
dressent encore aujourd'hui les pétitions en faveur du sucre indigène.

Qu'on y prenne garde : la persistance de cette
industrie à se couvrir toujours du manteau de
l'agriculture, en un mot, à se parer toujours
d'un autre nom que le sien, pourrait autoriser
à penser que cette industrie n'a pas en elle

cette confiance légitime que tous les autres intérêts manufacturiers, procédant aussi, comme elle, de l'agriculture, puisent dans le sentiment de leur utilité propre. Tous reconnaissent et acceptent la nécessité de se soumettre à la loi commune de l'impôt. Le sucre indigène seul prétend en être affranchi. Il faudra donc faire, pour le sucre indigène, une loi particulière, une *charte* enfin, en dehors de la charte qui proclame l'égalité des charges.

A cela, les fabricans de sucre indigène opposent que ce principe ne saurait leur être justement appliqué, attendu, disent-ils, *qu'ils acquittent des impositions territoriales, une patente, une licence, une taxe même sur leurs bas produits, toutes charges*, disent-ils, *dont leurs rivaux sont exempts* (1).

Ici on oublie que ce ne sont pas nos colonies qui règlent leurs charges, mais la France; et que quand elle ne leur en impose pas de semblables, c'est que des nécessités locales, inhérentes au régime intérieur de nos colonies, motivent ces différences qui existent dans les formes des perceptions, plus que dans les résultats; car si les colons français ne sont pas soumis à des impositions territoriales, ils supportent d'autres charges qui compensent celles-

(1) Adresse au roi. *Journal des Débats*, 10 octobre 1838.

là (1). — Dans tous les cas, leurs charges étant
réglées par la France, il faut admettre qu'elles
le sont ainsi dans l'intérêt bien entendu de la
métropole. Ce n'est qu'en isolant nos colonies,
dans cette question ; en les considérant comme
si elles étaient étrangères à la France ; enfin,
en ne tenant aucun compte des liens intimes
qui unissent à elles tant d'intérêts métropoli-
tains qu'on élève de semblables allégations.
Mais ces allégations tombent devant les faits :
le dommage que l'infériorité d'impôt du sucre
indigène fait éprouver à nos colonies ne s'arrête pas à elles seules ; il s'étend à tous les intérêts français qui s'y rattachent ; et quand ceux-
ci invoquent contre cette infériorité d'impôt
qui les blesse, le principe de l'égalité des
charges, les fabricans de sucre indigène peu-
vent-ils s'étayer encore du défaut d'impositions,
de patente, de licence ou de taxe ?

La répulsion de l'impôt, par les fabricans
du sucre indigène, n'est pas nouvelle. En
1829 , alors que la production de ce sucre

(1) L'impôt n'étant pas assis dans nos colonies sur les mêmes bases
qu'en France, il serait difficile d'établir d'une manière exacte la
différence qui peut exister dans les résultats. Néanmoins on est
autorisé à penser que les charges auxquelles nos colonies sont
soumises ne sont pas inférieures à celles de la métropole, quand
on voit , par exemple, la Martinique, avec une population de
trente-quatre mille habitans libres seulement, et de quatre-vingt
mille esclaves, obligée de pourvoir à un budget de 2,200,000 fr.,
dont 1,500,000 fr. sont absorbés par les frais de son administration.

ne s'élevait qu'à 5 millions de kilogrammes, on disait : « Imposer aujourd'hui cette indus- « trie, c'est la détruire. Laissez-la grandir, lais- « sez-la se développer à l'abri de l'immunité; « avant dix ans, nous avons la *certitude* qu'elle « pourra suffire à toute la consommation de la « France, et que ses produits pourront entrer « en concurrence, *à conditions égales*, avec « ceux des sucreries coloniales. »

Dix ans sont écoulés; la production du su- cre indigène s'est développée à l'abri de l'im- munité. Elle égale aujourd'hui en quantité celle qui suffisait alors à la consommation de la France.—On réclame l'égalité de l'impôt sur ce sucre. — Que répondent ses producteurs?— Ils répondent ce qu'ils disaient il y a dix ans; ce qu'ils pourront dire dans dix ans encore : im- poser aujourd'hui cette industrie, c'est la rui- ner, la détruire. Ils déclarent que le plus grand nombre des fabriques ne peut supporter même la faible taxe de 11 fr. par cent kilog., et que toute nouvelle aggravation, soit par élévation de cette taxe, soit par dégrèvement de l'impôt qui frappe le sucre de nos colonies, aurait pour conséquence certaine, inévitable, la ruine de tous les établissemens existans.

Imprudens défenseurs qui ne voient pas que de telles déclarations sont l'argument le plus

fort contre l'industrie qu'ils préconisent! Eh
quoi! c'est lorsqu'elle a atteint la quantité de
production à laquelle elle est aujourd'hui parvenue que vous dites vous-mêmes que le
moindre impôt qui rapprocherait le sucre indigène de l'impôt supporté par le sucre de nos
colonies *tuerait* à l'instant le sucre indigène!
Mais réfléchissez-vous que, par là, vous décla-
rez vous-mêmes que le sucre indigène n'a
point, pour le pays, les avantages que vous
lui attribuez, et que dès-lors il ne mérite pas
l'immunité, le privilége dont il a joui, et dont
néanmoins vous réclamez toujours et indéfiniment la continuation! Et cependant, déjà
en 1836, on déclarait, devant la commission d'enquête de la chambre des députés, « que cette
« industrie, quoique bien récente, paraissait
« aussi avancée que beaucoup d'autres (1). »

En effet, qu'est-ce qui constitue l'état avancé
d'une industrie, si ce n'est la quantité de sa
production et le perfectionnement de ses produits? Sous ces deux rapports, celle du sucre
indigène n'a rien à désirer; car, d'une part, elle
fournit aujourd'hui la moitié de ce que la France
consomme, et, de l'autre, le sucre de betterave
est, après le raffinage, si parfaitement identique

(1) Enquête 1836, page 162.

avec le sucre de canne, qu'il est impossible de les distinguer.

En cet état de l'industrie, l'impossibilité de supporter un impôt égal existe-t-elle encore aujourd'hui pour le sucre indigène?

Les fabricans l'affirment; mais cette affirmation ne s'accorde pas avec les faits que la dernière enquête de 1836 a mis en lumière.

A cette époque, selon M. Crespel, le prix de revient du sucre indigène n'excédait pas, dans ses diverses usines, 60 francs les cent kilog.

D'autres fabricans l'établissaient de 75 à 80 francs. Suivant M. Clément Désormes, il n'excédait pas alors 65 francs en moyenne.

Enfin, l'un de nos plus habiles chimistes, M. Dumas, évaluait à 70 francs la moyenne du prix de revient d'un grand nombre de fabriques (1); il estimait qu'au-delà, ce n'était que des fabriques *mal situées*, et qui, avec ou *sans* l'impôt, *ne pouvaient pas durer*.

En prenant pour base cette déclaration, qui a toute l'autorité de la science et du désintéressement, on peut considérer que si 70 francs étaient, en 1836, le prix moyen de revient de cent kilog. de sucre de betterave, aujourd'hui (en 1839) les progrès de l'industrie ont sans doute contribué à réduire ce prix. Nous remar-

(1) Enquête 1836, page 153.

querons, d'ailleurs, que M. Dumas ne l'a ainsi
établi qu'en calculant le rendement de la betterave à raison de cinq pour cent, mais en dé-
clarant, en même temps, que ce rendement s'é-
levait jusqu'à six et demi pour cent. Depuis
lors, des enquêtes ont été faites en Allemagne,
et les fabricans étrangers, avec des procédés
moins avancés, ont annoncé des rendemens
de cinq trois quarts à six et demi pour cent,
et des bénéfices qui varient de trente-sept à
soixante pour cent des capitaux engagés; et
cela en Russie, en Autriche, en Prusse où les
droits sur les sucres exotiques sont *moins élevés* qu'en France (1).

D'après cela, on est autorisé à présumer
qu'aujourd'hui, dans les fabriques convenable-
ment situées et gérées, les seules dont il faille
réellement tenir compte, le prix de revient
n'excède pas 60 à 65 francs les cent kilog; et
nous ajouterons que, dans son calcul, M. Dumas comprend une somme d'intérêts pour l'a-
mortissement du capital mort, et pour le fonds
de roulement, laquelle somme figure pour
13 francs par cent kil., dans le prix ci-dessus.

D'autre part, l'enquête de 1828 avait évalué
à 60 francs les cent kil., dans nos colonies, le

(1) Rapport de M. le comte d'Argout, *Moniteur du 8 juillet*
1837.

prix de revient nécessaire pour y maintenir la production du sucre; mais, depuis, des améliorations apportées à la fabrication, et la baisse qu'ont éprouvée plusieurs des articles principaux que la France leur fournit (1), ont réduit ce prix à 5o francs. En y ajoutant seulement les frais de navigation et de déchet de route, qu'on ne peut estimer à moins de 16 francs par cent kilog. (2), nous trouvons que le prix de revient du sucre colonial, rendu dans nos ports, là où commence pour lui la concurrence avec le sucre indigène, est de 66 francs les cent kil.; et ce prix est bien inférieur à celui qu'obtiennent depuis long-temps, dans les ports de la Grande-Bretagne, les sucres des colonies anglaises et ceux de l'Inde, admis dans la consommation du royaume-uni. Et il est à remarquer que les frais de navigation qui augmentent de 33 p. ₀/° le prix de revient du sucre colonial, dans nos ports, ne sont pas une charge, mais une valeur créée, par le sucre, au profit de notre navigation qu'ils développent, et au profit

(1) Parmi ces articles nous citerons en particulier les fers, les tissus de coton de toutes sortes dont nos colonies font une très grande consommation.

(2) Ces frais se composent :

	fr.	c.
Frêt de 100 k. à 12 d'' le 1/2 k. et chapeau.....	11	»
Assurances.................................	»	75
Déchet et coulage, 8 p. 0/0.................	4	»
Frais divers au débarquement..............	»	40
Total.........	16	15

de nos marines qui en reçoivent la plus forte part en salaires. C'est un avantage que le sucre indigène ne saurait jamais compenser.

Maintenant, en comparant ce prix à celui du sucre indigène, on voit que la différence qui peut exister encore entre le prix de revient des deux productions est plus que couverte par les seuls frais de navigation supportés par le sucre de nos colonies, et dont le sucre indigène est affranchi.

C'est devant ce fait ainsi constaté, et en présence des résultats obtenus par les fabricans étrangers, que les fabricans français affirment encore aujourd'hui que leur industrie ne peut supporter une taxe égale à celle qui grève le sucre colonial.

Mais ici se représente naturellement encore ce dilemme : ou l'impossibilité de supporter l'égalité de la taxe est réelle, ou elle ne l'est pas.—Réelle, c'est la preuve matérielle que cette industrie ne justifie pas les sacrifices qu'elle a déjà coûtés au pays, ni la continuation des plus grands sacrifices qu'elle réclame encore; car, si à la quantité de production à laquelle elle est parvenue, elle ne peut véritablement, affranchie qu'elle est des frais de navigation qui constituent, en sa faveur, un avantage de vingt-cinq pour cent au moins sur son prix de revient; si, disons-nous, cette industrie ne peut, avec un pareil avantage, supporter un impôt égal à celui que paie le sucre colonial, c'est qu'alors la fabrication du sucre de betterave n'est encore aujourd'hui qu'une industrie *parasite vivant toujours de la vie des autres*, et par conséquent onéreuse au pays.

Si, au contraire, l'impossibilité de supporter l'égalité de l'impôt n'est pas réelle, pourquoi le sucre de betterave n'y serait-il pas soumis?

Un fabricant de sucre indigène va nous l'apprendre :

M. le marquis d'Argens, possesseur d'une grande manufacture, interrogé par la commission d'enquête, a répondu : « *Tant qu'il y aura* « CONTACT *entre les sucres coloniaux et le sucre* « *indigène, on ne peut songer à établir d'impôt;* « *mais lorsque cette circonstance* N'EXISTERA « PLUS, *je crois*, a-t-il ajouté, que l'impôt pourra « être perçu à la raffinerie (1). »

Ainsi, l'obstacle à l'impôt, l'obstacle unique, selon M. le marquis d'Argens, c'est le *contact* des sucres coloniaux.

Cette déclaration explique parfaitement le motif de la résistance que les fabricans de sucre indigène n'ont cessé d'apporter à l'établissement de l'impôt sur leur industrie, et l'insistance qu'ils mettent à solliciter le maintien indéfini d'une infériorité de taxe en leur faveur.

(1) Enquête de 1836, page 151.

Cette infériorité ayant pour effet certain la ruine très prochaine des sucres coloniaux, c'est un moyen sûr d'arriver bientôt à ce que leur *contact n'existe plus*. Voilà pourquoi on sollicite si vivement le maintien de cette inégalité qui a déjà amené si près du résultat que l'on désire.

Mais l'industrie qui invoque si ardemment cette inégalité d'impôt, pour se débarrasser du contact qui la gêne, et laisser enfin le sucre de betterave seul maître de nos marchés, cette industrie retirera-t-elle les avantages qu'elle espère de la ruine du sucre colonial?

Il est permis d'en douter; cette immunité tant souhaitée a déjà eu pour premier effet d'élever, outre mesure, le prix de la terre, là où l'industrie s'est développée; elle y a surexcité la production en dehors des conditions naturelles, seules propres à assurer la prospérité de toute industrie. Le maintien de cette immunité développera nécessairement les mêmes effets; des fabriques se créeront ou s'accroîtront là où les élémens indispensables à une production profitable ne se trouveront pas réunis. Le sucre colonial aura péri, sacrifié au sucre indigène. Qu'arrivera-t-il alors? la libre concurrence accomplira ce que la loi aurait dû faire et n'a pas fait jusqu'ici. La libre concurrence détruira d'elle-même, sans ménagement, le privilége, en ramenant forcément la production du sucre indigène au niveau de toutes les productions du sol, et en ne maintenant cette industrie que là seulement où les conditions nécessaires à une fabrication avantageuse se trouveront réunies. Cette conséquence est inévitable; et alors que deviendront toutes ces fabriques situées dans de mauvaises conditions, et qui, selon M. Dumas, même *sans l'impôt*, *ne peuvent pas durer?* Que deviendra cette surélévation de prix donnée à la terre, à la faveur de l'immunité de l'impôt? Là est une cause réelle de crise pour l'agriculture de ces mêmes départemens; et les crises, en agriculture, sont encore plus graves, et se réparent beaucoup plus lentement que celles qui affligent le commerce.

Mais, dût-il en être autrement, c'est-à-dire l'infériorité de l'impôt dût-elle profiter encore aux fabricans de sucre indigène, ce ne serait pas une raison pour la maintenir indéfiniment.

Si, dans une préoccupation trop exclusive de leur intérêt, ces fabricans ne voient que ce qui les favorise, il ne faut pas oublier, comme eux, qu'il est en France un grand nombre d'autres industries qui souffrent et auraient à souffrir davantage encore du maintien de cette infériorité d'impôt. Ces industries sont moins *jeunes*, il est vrai; mais, pour être plus *ancien-*

nes et plus modestes, elles ne sont pas moins nationales; car, loin de coûter aucun sacrifice au trésor ou à l'état, elles acquittent fidèlement l'impôt; et long-temps avant que l'industrie du sucre de betterave fût venue de l'étranger pour être , comme le prétendent ses organes, l'*honneur* et la *gloire* de la France, ces diverses industries concouraient, comme elles n'ont cessé de concourir depuis, à sa richesse et à sa prospérité. Elles fournissent aussi des élémens de travail, non à quelques localités, mais à toutes les parties de la France. A ces titres, ces diverses industries veulent ne pas être oubliées.

Jusqu'ici elles ont trouvé, dans nos colonies, un débouché annuel de 40 millions de leurs produits manufacturés (1); le maintien de l'inégalité d'impôt, sollicité en faveur du sucre indigène, ayant pour résultat inévitable la perte de cet important débouché à l'extérieur, toutes les industries qui y participent ont un intérêt pressant à le conserver. Sans cela, que deviendraient ces nombreuses industries si cette quantité de marchandises fabriquées restait invendue dans les ateliers de production?

(1) D'après un rapport fait à la chambre de commerce de Paris, les produits des diverses industries de la capitale figurent pour onze millions dans ce chiffre d'exportations pour nos colonies.

Nos manufactures sont-elles donc impuissantes à suffire aux débouchés que l'étranger offre à leurs produits, pour dédaigner ou ne pas tenir compte de celui de 40 millions que leur offrent nos colonies? Que deviendraient les ouvriers qui reçoivent en salaires la plus grande part de cette somme considérable, et quel autre emploi de leur temps et de leur travail pourrait les rémunérer de la perte de ces débouchés extérieurs?

Toutes les manufactures françaises, les nombreux ouvriers qu'elles occupent, ont un intérêt à ne pas voir fermer, pour eux, d'aussi importans débouchés que ceux de nos colonies. Comme notre agriculture générale, nos manufactures, leurs ouvriers ont, au contraire, un intérêt immense à les conserver, et dès lors à s'opposer au privilége qui a pour résultat de les en priver.

Et le commerce qui ouvre ces débouchés au profit de notre agriculture et de nos diverses industries; — le commerce qui ne maintient ces débouchés qu'au prix d'avances nécessitées par la nature même des rapports existans, verra-t-il, sans en être gravement atteint, disparaître le gage de ses avances?—En vain, pour affaiblir la sollicitude que commande la conservation de ce gage, les fabricans de sucre indigène présentent-ils les capitaux du commerce français en-

gagés dans nos colonies comme des *crédits que
la prudence n'a pas limités* (1). Cette allégation
trouve sa réponse naturelle dans l'intérêt particulier qu'avaient ceux-là mêmes qui ont fait
ces avances à ne pas les faire légèrement.
D'ailleurs, il est constant que, depuis dix ans
surtout, le commerce français a considérablement restreint ses avances aux colonies; il est
constant aussi que les dettes de celles-ci envers
la métropole se sont réduites, et il est évident
qu'elles se seraient réduites bien davantage,
sans l'énorme dépréciation qu'ont éprouvée les
sucres. Tout le déficit qui en est résulté a diminué d'autant les recouvremens qu'eût faits
le commerce français; et, pour en citer un
exemple, la baisse des prix qui a eu lieu de 1837
à 1838, présente, sur la réalisation de la totalité
des sucres importés dans cette seule année, une
réduction qu'on n'évalue pas à moins de
10,000,000 de francs, qui auraient diminué
d'autant les créances du commerce français, si
les prix fussent restés au taux de 1837.

Les fabricans de sucre indigène n'imputent
cette dépréciation *qu'à une surabondance, à
un encombrement de production* (2). — Sans
doute c'est là ce qui amène la baisse des prix.

(1) Adresse au roi, *Journal des Débats,* 10 octobre 1858.
(2) Les fabricans de Cambrai. *Journal des Débats,* 10 octobre
1858.

—Mais qu'est-ce qui détermine la surabondance, l'encombrement de production ?—C'est
ce qu'il faut dire, et ce que les fabricans de
sucre indigène ne disent pas. — Les faits l'ont
déjà démontré : ce ne sont pas des circonstances naturelles, mais l'immunité d'impôt
qui surexcite cette production en dehors de
ses conditions véritables et au delà de toutes
limites. — La surabondance, l'encombrement
ne sont donc ici qu'un effet et non la cause
première de la baisse de prix, *dont souffrent
aussi les établissemens de sucre indigène* (1).—
La cause réelle, unique, c'est l'infériorité d'impôt dont jouit le sucre de betterave.—Et quand
elle a pour résultat de détruire le gage des
avances du commerce, les fabricans de sucre
indigène cherchent à atténuer les titres de ces
avances à la sollicitude et à la protection du
gouvernement ! — Mais les capitaux du commerce français engagés dans des colonies françaises n'ont pas moins de droits à la justice du
gouvernement que les capitaux engagés dans des
fabriques de sucre de betterave. Le commerce
a agi sous la foi d'une législation existante ?
La perte de ses capitaux ne diminuera-t-elle
pas la richesse nationale ? Cette perte s'accom-
plira-t-elle sans dommage pour tous les inté-

(1) *Journal des Débats*, 10 octobre 1838.

rêts du pays, et sans entraîner des conséquences funestes sur le mouvement général de toutes les affaires ?

Non; le commerce qui crée et alimente nos rapports avec nos colonies n'occupe pas une si faible place dans les élémens de la prospérité générale, pour que ses besoins et ses droits puissent être méconnus. Le commerce n'est pas un intérêt privé, proprement dit, mais le lien commun, l'agent général de tous les intérêts: aussi est-ce à lui qu'est donné le soin d'étudier, de connaître les besoins de tous, et qu'est réservée la noble mission de réclamer, au nom de tous, contre ce qui les blesse. Cette mission, il la remplit quand il invoque les droits et fait valoir la part de chaque intérêt dans la question actuelle.

Déjà nous avons vu l'immunité qui surexcite le développement du sucre indigène, faire perdre aux manufactures françaises et à l'agriculture elle-même les débouchés considérables que leur offrent nos colonies. La même cause impose aussi à l'état des sacrifices dont l'importance mérite d'être rappelée. Selon M. le comte d'Argout, cette immunité avait, de 1828 à 1836, occasionné au trésor une perte de 83 millions (1). Cette perte s'est augmentée de celle

(1) Rapport à la Chambre des pairs, 1837, page 12.

qui résulte du maintien de l'immunité et de l'inégalité d'impôt pendant les deux dernières récoltes (1); et M. le ministre des finances faisait remarquer à ce sujet que si le trésor a perdu cette somme considérable, les consommateurs ne l'ont pas moins *payée*. La *France*, ajoutait-il, *en a supporté le fardeau, les fabriques de sucre indigène en ont retiré le profit* (2).

Aujourd'hui le maintien de l'inégalité d'impôt ayant pour résultat prochain la ruine du sucre colonial, la perte pour le trésor deviendra beaucoup plus considérable encore; car elle ne se bornera plus seulement à la part d'impôt que le sucre indigène aurait dû acquitter, mais elle s'accroîtra encore de toute celle que le sucre colonial versait au trésor. Sur cent millions formant l'ensemble des perceptions annuelles de nos douanes, les sucres de nos colonies ont figuré jusqu'ici pour 30 à 35 millions; et maintenant que la production coloniale est de beaucoup inférieure aux besoins de la consommation, elle fournirait à elle seule, au trésor, plus de 40 millions (3). L'exclusion

(1) Séance du 16 juin 1837, page 8.

(2) La production indigène de 1837 et 1838, s'étant élevée ensemble au moins à cent millions de kilog., représente, au droit du sucre colonial, près de 50 millions de francs, dont le trésor a été privé dans ces deux dernières années seulement.

(3) La consommation de la France étant aujourd'hui évaluée à

du sucre colonial par le sucre indigène prive le trésor de cette somme. Cette somme est-elle donc si minime que sa privation soit indifférente? Le pays sera-t-il dispensé d'y pourvoir? Malheureusement non. Dès lors à qui la demandera-t-on? Malgré l'avis de la commission que nous avons déjà cité, ce n'est pas sans doute au sel, au vin qu'on s'adressera pour faire face à ce déficit. Nous cherchons vainement quelque produit imposable et que la taxe n'ait pas frappé. A défaut, sera-ce à la propriété qu'on demandera ce nouveau sacrifice?... C'est à l'agriculture à y réfléchir.

Il est un fait digne de remarque, c'est que les denrées sur lesquelles le sucre indigène, affranchi d'impôt ou moins imposé, exerce l'influence la plus contraire, sont précisément celles qui paient le plus au trésor. En effet, les sucres de nos colonies, les vins figurent au premier rang de ses perceptions. L'intérêt du trésor qui, en définitive, est celui du pays tout entier, l'intérêt du trésor veut que ces perceptions soient maintenues; et la justice veut que, sous une loi d'impôt dont l'égalité est à la fois le principe et la base, le sucre de betterave ne soit pas moins imposé que sa nature ne le comporte.

120 millions de kilo., l'impôt sur le sucre produirait au trésor 60 millions, si le sucre indigène acquittait le même droit que le sucre colonial.

Mais des intérêts d'un ordre encore plus élevé viennent aussi appeler impérieusement cet acte de réparation et de justice.

Le transport des sucres de nos colonies occupe à lui seul plus de quatre cents navires dont le tonnage constitue plus de la moitié de notre navigation générale au long cours. On sait le large tribut que la construction de ces navires paie à l'agriculture. Leur emploi fournit au commerce les moyens de former et d'entretenir, à ses frais, plusieurs milliers de marins toujours prêts pour le service de l'état. L'exclusion du sucre colonial par le sucre indigène annihile complétement l'emploi de ces navires; et cette atteinte n'est pas la seule que cette exclusion occasionne à notre navigation marchande. Du même coup, plus de la moitié des navires et des marins occupés à nos grandes pêcheries (1) restent également sans emploi, aussitôt que nos colonies cessent d'avoir les moyens de consommer la moitié des produits de nos grandes pêches. Voilà donc, par le seul fait de l'exclusion des sucres coloniaux, l'état placé dans l'obligation ou de pourvoir lui-même à la formation et à l'entretien de ces milliers de marins, ou d'affaiblir d'autant les

(1) Nos grandes pêcheries occupent à elles seules 10 à 12,000 marins, le transport des sucres de nos colonies en emploie 5 à 6,000.

forces du pays en se privant de leur secours.
Et dans quel moment l'alternative de ce double sacrifice serait-elle présentée à la France?
Au moment où, chaque année, l'accroissement
de nouvelles charges publiques amène la demande de nouveaux impôts! au moment où
la publication récente de documens officiels
vient constater la part chaque jour plus large
que la navigation étrangère acquiert sur la
nôtre, même dans ses rapports avec nous! au
moment enfin où la prépondérance des peuples est plus que jamais attachée à la part de
puissance maritime que chacun d'eux pourra
apporter dans la balance des nations!

A ces hautes considérations s'en rattachent
aussi de non moins puissantes; les populations
de nos départemens maritimes qui, jusqu'ici,
ont trouvé des moyens constans de travail dans
ce mouvement immense auquel donne lieu la
navigation marchande, ces populations que
feront-elles? Elles n'ont pas, comme dans les
départemens où se produit le sucre indigène,
l'alternative d'autres élémens nombreux de
travail et d'industrie; elles n'ont pas, comme
les premières, délaissé des filatures, des manufactures de toiles, etc., etc. Pour nos populations maritimes, la navigation et le mouvement qu'elle imprime sont, à peu près, les

seuls élémens de travail qu'elles possèdent. Le jour où cette ressource abondante n'existera plus, que deviendront ces populations? C'est là une considération sérieuse ; car il ne s'agit rien moins que de déshériter incessamment tous les départemens maritimes de la France du travail qui, jusqu'ici, leur a donné le mouvement et la vie. Et quand un pareil résultat est fatalement prévu et annoncé de toutes parts, le gouvernement qui le laisserait s'accomplir n'engagerait-il pas, de la manière la plus grave, sa responsabilité envers le pays ?

On le voit : la question qui nous occupe n'est pas simplement une question agricole, alors qu'elle touche aussi profondément à de tels intérêts. Agriculture, commerce, industrie, trésor public, navigation, enfin puissance politique, tout s'y lie, tout s'y enchaîne. C'est donc vainement que l'égoïsme étroit de l'intérêt privé, ou l'inintelligence des grands intérêts du pays, essaieraient encore de la réduire aux mesquines proportions d'une lutte entre deux produits agricoles rivaux. Il n'est donné à personne de changer la nature d'une telle question, ni d'en atténuer l'importance : les faits sont là aujourd'hui ; et leur réalité doit avoir au moins le triste avantage d'éclairer ceux qui ont eu besoin de voir des ruines pour comprendre enfin les dangereuses conséquences du système qui les a produites.

Et quel est donc, en définitive, le résultat offert en compensation à la France ?

La production, sur son sol, de tout le sucre nécessaire à sa consommation. En un mot, les fabricans de sucre indigène auront seuls le monopole exclusif de l'approvisionnement de la France.

Voilà bien, en réalité, l'unique prix de tous ces grands sacrifices imposés à l'état.

Mais qu'on s'en souvienne : la France a un vaste territoire dont plus de trente-cinq millions d'hectares sont en culture. Tout le sucre nécessaire à sa consommation actuelle n'exige pas au delà de soixante mille hectares. Très peu de localités réunissent les conditions indispensables à une production utile. Nous savons déjà que le midi en est généralement privé. Le midi, qui voit sa production principale, les vins, perdre l'important débouché que leur offraient nos colonies, et qui voit ces mêmes vins convertis en esprits, chassés de la consommation du nord de la France par les esprits provenant du sucre indigène, le midi a un intérêt pressant à voir cesser le privilége à l'aide duquel se développe l'industrie qui le prive ainsi au dedans et au dehors du placement de ses vins. Quand l'union des états repose sur l'union des intérêts, qu'on réfléchisse aux conséquences graves que peut entraîner une divergence d'intérêt entre le nord et le midi de la France, alors surtout qu'elle aurait pour unique cause une inégalité d'impôt.

Et le midi n'est pas seul intéressé à repousser ce monopole; la France tout entière aussi a un grand intérêt à s'y opposer; car cette production n'exigeant qu'une surface très réduite, la concentration de cette industrie, dans quelques localités, dans quelques arrondissemens peut-être, et, dans tous les cas, chez un nombre restreint de producteurs, rendrait plus dangereuses encore les conséquences d'un tel monopole.

Mais il est aussi un motif, non moins grave pour la France, de ne point le laisser s'établir : si le monopole du sucre indigène a pour premier résultat d'exclure le sucre de nos colonies, il entraîne plus forcément encore l'exclusion des sucres étrangers. Ce n'est donc pas avec nos colonies seulement que ce monopole fait cesser nos rapports; mais il les annihile aussi avec tous les pays dont le sucre est la production principale ; car nous ne pouvons espérer jamais des relations commerciales avec les peuples dont nous repoussons les produits. Déjà une première

faute a été commise, faute grave, car elle est
la cause principale, nous dirons presque unique du défaut d'extension de notre commerce
maritime, de ses mauvais résultats, de l'infériorité relative de notre navigation marchande,
et de sa décroissance progressive si affligeante
pour ceux qui savent en apprécier l'importance pour le pays. Cette faute, c'est la surtaxe
exagérée sur les sucres étrangers établie dans
une mauvaise entente des intérêts coloniaux,
et dont ces mêmes intérêts subissent aujour-
d'hui la peine. Les effets de cette exagération
des tarifs offrent des enseignemens dont il fait
tenir compte dans la discussion qui nous occupe.

Il est un fait incontestable : c'est qu'en dé-
veloppant chez elle le sucre indigène, la France
a fait naître cette même production chez des
peuples voisins, jusque là ses tributaires naturels pour les sucres exotiques. Ces peuples
n'auront plus besoin désormais de recourir à
elle pour cette denrée d'un commerce si important. La France aura chèrement payé les
frais de l'expérience; les autres peuples en pro-
fiteront. Ainsi, la production du sucre indigène n'aura pas nui seulement à notre commerce maritime, elle aura aussi déshérité
notre commerce intérieur de cette branche
importante d'échanges avec le continent, en

privant la France pour toujours de l'approvisionnement qu'elle lui fournissait.

On conçoit que les états qui n'ont point de
colonies, point de marine, puissent avoir quelque intérêt à produire, sur leur propre sol, le
sucre nécessaire à leur consommation, si tou-
tefois ils le produisent avec plus d'avantage
qu'en le recevant de l'étranger. Mais la France
est-elle dans une pareille situation ? A quoi lui
serviraient les ports nombreux qu'elle possède
sur son immense littoral, si elle ne les utilisait
pas dans l'intérêt de sa navigation, l'un des
élémens principaux de sa richesse et de sa puissance? A quoi lui serviraient ses colonies ?

Admettons, puisque le maintien de l'inégalité de l'impôt ne doit pas tarder à avoir ce résultat, admettons que la fabrication du sucre
indigène soit arrivée à produire tout le sucre
nécessaire à la consommation de la France.

Dès ce moment nos colonies n'ont plus à
nous fournir de sucre. Que deviendront-elles ?

Ici se présente d'abord une question d'état.
Nos colonies ne sont pas seulement des marchés
pour la France, elles sont aussi des points mi-
litaires, des stations pour nos navires, les seules
qui nous restent de nos anciennes possessions
d'outre-mer; enfin les derniers asiles, dans l'O-
céan, ouverts à nos vaisseaux pendant la guerre.

78

Ce n'est pas sans doute au moment où la France apprend, avec un juste orgueil, les nouveaux succès de sa marine dans le golfe du Mexique (1), qu'il faut insister sur l'avantage de posséder à l'entrée de ce golfe, des colonies dans lesquelles cette même marine a trouvé tous les moyens de réparation et de ravitaillement. Nous nous hâtons d'admettre qu'il n'est personne en France qui osât proposer l'abandon de nos colonies. L'inintelligence des intérêts de la France et l'oubli de sa dignité ne sauraient aller jusque là. Nos colonies resteront donc françaises ; car, sans ses colonies, la France serait moins que la France d'aujourd'hui.

Sans doute, nos colonies ne seront pas condamnées à laisser stérile leur sol doté d'une si riche et si puissante faculté de production. Que feront-elles ?

Leur sucre étant repoussé de nos marchés, force leur sera de chercher, dans d'autres cultures, les moyens de suppléer à celle que la canne ne leur offrira plus. Quelles sortes de cultures pourront le mieux s'approprier à leur climat ? Évidemment celles qui appartiennent plus spécialement aux pays méridionaux. Ainsi voilà donc encore un intérêt de plus qu'a le midi de la France de voir maintenir, dans nos

(1) Prise du fort St-Jean-d'Ulloa et de Vera-Crux.

colonies, la culture de la canne à sucre dont le produit lui offre, depuis long-temps, un moyen constant et assuré d'échange pour de fortes quantités de ses produits agricoles. Et qu'on ne pense pas que ce soit là une hypothèse gratuite : si, en France, on s'est peu préoccupé des effets du développement du sucre indigène sur le sort futur de nos colonies, ceux qui les habitent n'ont pas partagé cette indifférence. Leur intérêt leur a fait une obligation de calculer les conséquences de ce développement, et de chercher d'avance les moyens de se prémunir contre elles. Déjà, dans cette prévision, des plantations de mûrier ont eu lieu à la Guadeloupe et à la Martinique. Nous avons vu des soies produites dans la première de ces colonies. On prétend qu'on peut y faire trois récoltes, mais au moins deux par an. La propagation du mûrier dans nos colonies aurait évidemment pour résultat d'établir une concurrence ruineuse pour nos départemens méridionaux. Elle serait d'autant plus ruineuse que la soie produite en France ne trouverait pas, comme le sucre indigène, une large protection naturelle dans les frais de navigation ; car ces frais, sur un produit tel que la soie, sont insignifians eu égard à la valeur et au peu de volume de ce riche produit. D'un autre côté, alors même que nos colonies produiraient de la soie pour une valeur triple, si l'on veut, de celle que leur fournit aujourd'hui la canne à sucre, cette valeur resterait stérile pour notre navigation ; car ce ne seraient pas quatre cents navires qui seraient nécessaires à son transport, mais peut-être quatre navires seulement.

Ceci nous conduit naturellement à exposer une considération qu'on n'a pas assez remarquée : c'est que l'importance de notre navigation est essentiellement *dépendante de la production du sucre dans nos colonies, et de son admission dans la consommation de la France.*

Dans l'impuissance de méconnaître l'influence de ce fait sur la navigation, les organes du sucre indigène s'efforcent de restreindre le nombre des navires et des marins employés au transport des sucres ; et comme, malgré leurs efforts, le fait n'en subsiste pas moins, ils prétendent que ces navires, que ces marins trouveront *un autre emploi.* — Les organes du sucre indigène n'oublient qu'une chose : c'est d'indiquer cet emploi nouveau. Pour nous, nous le cherchons vainement, et s'il existe, nous demandons comment il se fait que notre navigation décroisse, et que tant de navires restent inactifs dans nos ports. En indiquant cet emploi nouveau, les fabricans de sucre indigène rendraient un véri-

table service au pays, et à l'agriculture générale, à laquelle ils veulent être utiles ; car l'a-
griculture est, plus que toute autre branche,
intéressée au développement et à l'extension de
notre navigation, puisque c'est l'agriculture
française qui lui fournit les bois, les cordages,
les goudrons, dont la construction de nos navires nécessite une si grande quantité.

Les organes du sucre indigène ont souvent
reproché aux colons d'avoir délaissé la culture
du café, du coton, de l'indigo, et de s'être trop
exclusivement appliqués à celle de la canne à
sucre.

Mais apparemment, si les colons ont délaissé
ces premières cultures, c'est que sans doute
elles leur étaient moins productives ; et leur
faire un tort de s'être plus spécialement atta-
chés à la culture de la canne, c'est méconnaître étrangement les effets du développement
de la production du sucre dans nos colonies.
Loin d'en blâmer les colons, il faudrait au
contraire les encourager à accroître cette production, parce que le sucre exotique est une
des denrées qui, par son volume et l'importance de sa consommation, occupe le plus de
navires. Qu'on le remarque : c'est en devenant
les intermédiaires de tous les peuples pour le
transport des sucres que les États-Unis ont

étendu leur marine au point où elle est parvenue. C'est à sa grande consommation de sucre *exotique* que l'Angleterre doit le premier développement et le maintien de sa puissance maritime. Avec une population d'un quart moindre que celle de la France, l'Angleterre consomme près de quatre fois autant de sucre, et dès lors occupe à ce transport quatre fois autant de navires et quatre fois autant de marins. Et comme l'Angleterre n'oublie pas que le sucre, de quelque plante qu'il provienne, n'en reste pas moins toujours une matière imposable, cette denrée figure seule dans le chiffre de ses perceptions annuelles pour 120 millions de francs !

L'indication de ces faits permet facilement d'entrevoir quel immense avantage il y aurait pour la France à maintenir dans nos colonies la production du sucre, et à développer en France la consommation du sucre *exotique*. On peut apprécier ce que gagnerait le pays à voir égaliser cette consommation (1) à celle de l'Angleterre. Au lieu de 5o à 6o millions d'exportations de produits agricoles et manufacturés, ce serait une somme plus considérable que nous exporterions au dehors ; au lieu de

(1) Le sucre figure pour 12 , 13 et 14 p. °/₀ dans le mouvement commercial général des puissances de l'Europe, tandis qu'il ne figure que pour 7 à 8 p. °/₀ dans celui de la France.

quatre cents navires, de cinq à six mille marins,
ce seraient deux mille navires et vingt à vingt-
cinq mille marins qui seraient employés au
transport des sucres exotiques. Qu'on réfléchisse au mouvement commercial nouveau, à
l'activité nouvelle qui se répandraient dans
tout le pays; à l'accroissement du revenu public élevé de 70 à 80 millions sur un seul produit; qu'on réfléchisse à cette extension de
notre navigation marchande, à cette augmentation considérable de marins créés, non seulement sans sacrifice, mais avec profit pour
l'état, et qu'on dise si là ne se trouvent pas des
élémens certains de richesse, de prospérité et
de puissance politique pour la France.

Ainsi, avec plus d'étude des véritables intérêts du pays, loin de se plaindre de l'extension donnée, dans nos colonies, à la culture de
la canne, loin de vouloir la remplacer par d'autres cultures, la restreindre ou l'annihiler,
on reconnaît que c'est le contraire qu'il faut
faire, si l'on veut agir dans les intérêts bien
entendus de la France; car si la culture de la
canne à sucre a l'avantage d'être, pour nos colonies, la culture la plus profitable, elle est
commandée aussi par ce grand intérêt qu'a la
France d'accroître sa navigation. Or, le sucre
exotique est et sera toujours au premier rang

6.

des élémens qui peuvent le plus concourir à le
développer. La France a donc un intérêt puis-
sant à maintenir cette production dans ses colonies, et à favoriser, à étendre dans l'intérieur la consommation du sucre exotique *plutôt* que celle du sucre indigène.

Cette utilité de maintenir la production du
sucre dans nos colonies s'appuie aussi sur des
considérations trop graves pour ne pas être
rappelées ici. La culture de la canne et la fabrication réunies offrent une source de travail
infiniment plus abondante qu'aucune autre des
cultures appropriées à ces climats. Dans nos
colonies se trouvent des populations nombreuses dont le travail est l'unique patrimoine. Il
ne serait pas seulement injuste, il serait inhu-
main de les en déshériter, alors surtout que
tant de vœux appellent ces populations à
la liberté; n'oublions pas que, pour première
condition, la liberté imposera à ces populations l'obligation de pourvoir elles-mêmes,
par le travail, à tous leurs besoins. Et c'est
à ce moment que le maintien d'une inégalité
d'impôt, au profit du sucre indigène, viendrait
anéantir, avec le sucre colonial, le seul élément de travail, c'est-à-dire l'unique moyen
d'existence que ces populations possèdent!...
Il y a là plus qu'une question de justice; il y

a une question d'humanité qui domine tellement toutes les autres qu'il suffit simplement de l'indiquer.

Ainsi, en étudiant attentivement les effets du développement du sucre indigène, nous les voyons réagir d'une manière défavorable sur chacun des nombreux intérêts engagés dans la question actuelle. A ces résultats incontestablement préjudiciables au pays, les organes du sucre indigène ont prétendu que s'il y avait diminution dans les recettes des douanes, on trouverait « une compensation *bien plus im-* « *portante* dans les droits de consommation « acquittés à l'intérieur par tous les individus « qui trouveraient, dans l'industrie du sucre, « une source de travail et d'aisance. Ce sera, « ajoutait-on, une population nouvelle contri- « buant à payer des droits sur le sel, les bois- « sons, le tabac et tant d'autres objets (1). »

L'excellent rapport présenté par M. le comte d'Argout à la Chambre des pairs, en 1837, a déjà fourni une réponse péremptoire à ces assertions. On y lit : « De 1831 à 1836, période « pendant laquelle la production du sucre in- « digène a acquis tant d'extension, l'augmen-

_____

(1) Rapport du comité d'agriculture de la société d'encouragement pour l'industrie nationale.

« tation de population, dans la région (1) où
« cette industrie s'est surtout développée, a été
« inférieure à l'augmentation moyenne de toute
« la France, et de beaucoup inférieure à celle
« de certains départemens où il existe peu ou
« point de fabriques. »

L'honorable rapporteur fait remarquer encore que cette même région présente aussi une
infériorité dans l'augmentation des taxes diverses et des droits sur les consommations. Il
en conclut que les avantages attribués à cette
industrie, relativement à l'augmentation des
consommations, ne se sont point réalisés.

Les faits viennent donc nous apprendre aussi
que là où cette industrie s'est surtout propagée, l'augmentation de la population, l'augmentation des consommations ont été *moin-
dres* que dans les départemens où cette fabrication n'existe pas. Il ne faut pas perdre de
vue que si le sucre colonial crée des consommateurs à la France, il n'est pas donné au sucre indigène d'y suppléer en en créant de nouveaux à l'intérieur ; car ceux qui y résident
sont des consommateurs obligés, tandis que les
premiers ne deviennent des consommateurs
de produits français que tout autant que la
France admet leurs produits en échange, c'est-

(1) Cette région comprend le Nord, le Pas-de-Calais, l'Aisne, la
Somme et l'Oise.

à-dire en paiement de ceux qu'elle leur fournit.

Malgré la constatation de ces faits, préten-drait-on encore que le sucre indigène réalise des avantages injustifiés jusqu'ici? Toujours faut-il reconnaître que, si ces avantages exis-tent, ils ne sauraient s'étendre au delà de la limite de la production de tout le sucre néces-saire à la consommation de la France.

Dès lors, quand le sucre indigène, placé dans ses conditions les plus favorables, reste tou-jours circonscrit dans les étroites limites de quelques intérêts privés de localités et de per-sonnes, le sucre exotique, au contraire, exerce une influence favorable sur tous les intérêts auxquels il se lie, et devient lui-même un inté-rêt public, national, par le développement qu'il apporte à la navigation.

Et c'est ce dernier sucre que la législation ruine, et *sacrifie* au premier !

Il semble cependant que si une faveur, si une préférence devaient être accordées, c'est à celui des deux sucres dont la production est la plus avantageuse au pays. Néanmoins le su-cre de nos colonies, depuis long-temps en pos-session d'approvisionner nos marchés, ne de-mande point de faveur, point de privilége con-tre le sucre indigène, qui prétend et qui veut l'en exclure. Français aussi, et astreint par [la

législation à n'être importé que sur les marchés français, le sucre de nos colonies demande
seulement à y être admis avec l'égalité de protection dont la loi fait le droit de tous les intérêts nationaux.

Fidèle, au contraire, à l'égoïsme de l'intérêt
privé qui s'isole, le sucre indigène ne veut pas
que la protection soit égale; il veut la ruine, la
destruction, du sucre colonial.

Quand les organes de celui-ci ne demandent
pour lui qu'égalité de conditions, en un mot,
que justice, ce n'est pas sur le terrain du sacrifice de l'un à l'autre sucre qu'ils placent la
question. En choisissant ce terrain, les défenseurs du sucre indigène s'appuient sur la position exceptionnelle qu'a faite à cette industrie
le privilége résulté *accidentellement* pour elle
d'un tarif de droits établi à une époque où ce
sucre ne se produisait pas encore; privilége bâ-
tard dont ils réclament ardemment le maintien
indéfini. Mais ils oublient qu'en France, où l'é-
galité devant la loi est à la fois le premier besoin et le premier droit de tous les intérêts
français, aucun privilége ne saurait avoir de
durée. Malheur à ceux qui, dans ce noble pays,
croiraient pouvoir fonder un avantage durable
sur la violation permanente de ce grand et
équitable principe de la loi. L'opinion peut

être un moment égarée par de pompeuses annonces, par l'exagération de résultats promis ; mais la vérité apparaît enfin, et le temps fait justice de l'erreur et du mensonge.

Telle est, en effet, la fatalité attachée à tout ce qui ne tient pas sa vie de conditions naturelles et qui lui soient propres. Le sucre indigène, réduit à solliciter toujours le maintien d'un privilége exorbitant ou à s'offrir en holocauste, fournit lui-même le plus grand et le plus fort argument contre sa nature, les conditions de son existence et de sa durée. Il déclare évidemment par là que le sucre colonial, qu'il veut chasser et détruire, est dans des conditions de vitalité bien supérieures aux siennes, puisque, affranchi des frais considérables de navigation, le sucre indigène en est réduit à repousser non seulement l'égalité de l'impôt, mais même à déclarer que la faible taxe dont il doit être atteint en juillet prochain TUE la plupart des établissemens existans. On lui répond : mais la différence de taxe dont vous demandez la continuation indéfinie a déjà placé le sucre colonial dans l'impossibilité de se produire ; le maintien de cette inégalité d'impôt TUE le sucre colonial.

Le sucre indigène persiste et déclare qu'il ne peut vivre sans le maintien de cette inégalité d'impôt, c'est-à-dire sans le sacrifice du sucre colonial...

C'est là qu'est arrivé aujourd'hui le débat.

Mais si, pour le sucre indigène, la question se réduit à son intérêt unique, isolé, il n'en est pas de même pour le sucre colonial. Avec ce dernier, il y a d'autres intérêts dont le sort est si intimement lié au sien qu'il en dépend exclusivement. Nous l'avons déjà vu : ces intérêts sont nombreux, puissans, et non moins français que le sucre indigène. Dès lors se présente ici une question qui n'a pas été posée, et qui cependant résume, en dernière analyse, toute celle qui nous occupe. Il faut se demander :

Y a-t-il plus d'utilité, plus d'avantages pour la France à produire, sur son sol, le sucre nécessaire à sa consommation, que de le recevoir de ses colonies et des pays qui le produisent ?

Ainsi posée, la solution de la question devient plus simple et plus facile. Il ne s'agit plus que de comparer, en un mot, de compter les avantages de l'un et l'autre sucre dans l'intérêt général du pays.

Si, à l'appui des prétentions du sucre indigène, on fait valoir son importance, celle des usines qu'il crée, le nombre d'ouvriers qu'elles occupent, l'influence salutaire que cette pro-

duction exerce sur les localités où elle est appelée à se propager, l'importance des capitaux
qu'elle emploie,

On est nécessairement forcé de mettre aussi
en regard l'importance du sucre colonial, celle
des usines qu'il alimente, les ouvriers qu'il
utilise, l'influence qu'il exerce dans les lieux
où il se produit, les sommes qui y sont enga-
gées.

Eh bien ! chacun de ces points, considéré
même isolément, établit, en faveur de ce dernier, une supériorité incomparablement plus
considérable.

Là où le sucre indigène prend la place d'autres produits tous utiles, nécessaires, le sucre
colonial crée une culture la plus profitable au
sol où il s'établit;

Là où le premier compte cinq cents usines,
le second en compte douze cents;

Là où le sucre indigène occupe un nombre
limité d'ouvriers enlevés à d'autres industries,
le sucre colonial emploie des populations entières qui n'ont pas d'autre élément de travail;

Là où le premier prétend avoir des millions
engagés, le second oppose des centaines de
millions;

Là où le sucre indigène exerce son influence

sur quelques localités très circonscrites, le sucre colonial étend la sienne sur des pays tout
entiers et sur tous nos départemens maritimes ;

Enfin là où le sucre indigène profite seul en
ruinant d'autres intérêts, le sucre colonial
profite à notre agriculture générale, à notre
commerce, à nos manufactures, à notre navigation, au trésor public, en un mot à tous les
grands intérêts du pays.

Il y a donc infiniment moins d'avantages
pour la France à produire le sucre sur son
propre sol qu'à le recevoir de ses colonies.
Dès lors la production et l'admission du sucre
exotique ne sont plus seulement une question
d'intérêt colonial, mais bien une question d'intérêt public et national. Cet intérêt, trop méconnu jusqu'ici, doit enfin être pris en considération ; et puisque la production coloniale
lui est profitable, il faut au moins que la législation ne la rende pas impossible.

Tel est cependant son résultat : les faits ont
déjà suffisamment démontré que le maintien
de l'infériorité d'impôt en faveur du sucre indigène complètera infailliblement la destruction du sucre colonial.

Il y a donc nécessité d'amender au plus tôt
la législation qui produit ce déplorable résul-

tat. Les circonstances actuelles et prochaines viennent rendre cette nécessité plus impérieuse, plus urgente encore. En effet, déjà il a été constaté que, malgré la baisse des prix, les deux productions coloniale et indigène réunies ont laissé, en 1838, un excédant de vingt à vingt-cinq millions de kilogr. qui n'a point été absorbé par la consommation. En cet instant (février), commence d'arriver dans nos ports la dernière récolte de Bourbon, qui, d'ici à trois mois, doit verser dans nos entrepôts vingt à vingt-cinq millions de kilogr. Pendant cette même période, la fabrication de sucre indigène aura à peu près complété les livraisons de sa récolte de 1838, qu'on n'évalue pas à moins de cinquante-cinq à soixante millions de kilogr. Ces quantités réunies représenteront alors environ toute la quantité que pourra réclamer la consommation dans l'année actuelle; et à la fin du mois de mars prochain, auront déjà paru les premiers arrivages de la récolte qui vient de s'ouvrir aux Antilles; récolte dont l'abondance, qui devrait être un bienfait, rend plus inévitable encore une nouvelle et plus forte dépréciation. En présence de ces faits prochains, la ruine du sucre colonial est certaine, si un amendement efficace à la législation ne vient incessamment la prévenir.

Alors qu'il en est ainsi, alors que cette ruine blesse si profondément autant et de si grands intérêts français, alors enfin que le sucre indigène NE RÉALISE PAS LES AVANTAGES QUI ONT MOTIVÉ L'IMMUNITÉ DONT IL JOUIT DEPUIS UN QUART DE SIÈCLE, sur quoi fonderait-on encore aujourd'hui le maintien d'une infériorité d'impôt destructive de si nombreux intérêts?

Sur l'obligation d'attendre les effets de la loi qui doit, à dater du 1er juillet prochain, élever à 16 fr. 50 c. l'impôt sur le sucre indigène.—On dit:«Cette loi a réglé le sort de ce su-« cre au moins jusqu'à cette époque; on ne sau-« rait apporter aucun changement à la législa-« tion avant que cette disposition ait reçu son « exécution. Ajouter à ce chiffre avant ce temps, « ou dégrever le sucre colonial, ce serait intro-« duire l'instabilité dans la loi; ce serait aggra-« ver la position du sucre indigène; ce serait « manquer à la foi jurée. »

Ces considérations sont graves et veulent être examinées.

Nous le reconnaissons : la stabilité des lois est une nécessité générale. Mais pour qu'elle soit une nécessité, il faut évidemment que la loi repose sur des faits toujours les mêmes, toujours subsistans. Mais quand ces faits n'existent plus, quand ils sont remplacés par d'autres faits, la fixité légale peut-elle exister encore? Dans une société en progrès, surtout en matière de commerce et de tarifs toujours si variables, la loi ne peut rester stationnaire; car de nouveaux faits amènent des besoins nouveaux auxquels il faut nécessairement que la loi satisfasse par des révisions sages et prudentes. Ce principe a été proclamé à la tribune par un de nos derniers ministres du commerce. « *Le système du gouvernement*, disait ce mi-« nistre, *consiste à satisfaire aux intérêts gé-*« *néraux du pays, selon les temps, les besoins,*« *les faits bien constatés et les circonstan-*« *ces* (1). »

Ce principe, si vrai et si juste, ne trouve-t-il pas ici son application ? Les besoins, les faits bien constatés et les circonstances manquent-ils à la situation actuelle? Quand la ruine de nombreux intérêts est imminente, l'application immédiate de ce principe n'est-elle pas un devoir impérieux alors qu'elle est une nécessité?

On objecte que la loi est récente ; qu'elle n'a pas encore reçu son entière exécution.

Mais qu'importe sa date si, pendant l'attente de cette exécution, la ruine de nombreux intérêts doit se consommer? Les intérêts qui

(1) M. Thiers, Exposé des motifs, page 5. Séance du 3 décembre 1852.

souffrent sont-ils hors la loi? ne se sont-ils pas
formés, n'existent-ils pas aussi sur la foi d'une
législation dont l'égalité de protection est la
base fondamentale et le droit de tous les intérêts? Et quand le sucre indigène invoque le
maintien d'une disposition contraire à ce juste
principe; quand le maintien de cette disposition qui lui profite, ruine d'autres intérêts français, ceux-ci ne sont-ils pas fondés aussi à in-
voquer la foi jurée? L'intérêt d'un seul est-il
plus sacré que celui de tous? La foi jurée à une
loi récente est-elle plus sacrée que la foi jurée à la Charte? La violation de celle-ci est-
elle moins grave que la violation de celle-là?
Et quand de nombreux intérêts, qui souffrent
depuis long-temps de l'immunité dont jouit
une industrie particulière, appellent la cessation de cette immunité dont la prolongation
entraîne fatalement leur ruine, que font-ils si-
non demander que la Charte reste une vé-
ré dans l'application du saint principe qui
proclame l'égalité des charges? Est-ce là une
violation de la foi jurée, ou bien un appel à la
plus haute justice du pays?

Mais l'infériorité de l'impôt sur le sucre
indigène n'est pas seulement une injustice, elle
est aussi en contradiction manifeste avec un
principe adopté, suivi et consacré par la loi.

Loin de considérer la production du sucre
plus rapprochée comme un avantage ou comme
un titre, nos lois de douanes ont reconnu au
contraire que plus cette production était éloi-
gnée plus elle était utile, profitable à la France,
et dès lors plus elle méritait d'être encouragée.
Aussi ont-elles mesuré la faveur en raison même
de l'éloignement. Ainsi, nos lois de douanes ont
établi des droits gradués selon les distances (1).
Les sucres de Bourbon sont frappés d'un droit
moindre que ceux de nos colonies des Antilles.
Cette infériorité de taxe entre deux sucres également français est supportée, sans réclamation,
par celles de nos colonies qui en sont lésées. Pourquoi cela?—parce qu'ici cette échelle graduée
de taxe n'est pas établie au profit des colonies
qui en jouissent;—au profit d'une branche d'industrie, ni de quelques localités, mais dans
l'intérêt général du pays qui lui commande de
favoriser le développement de la navigation
marchande. Le superbe dédain que professent
pour elle certains esprits, ne lui ôte rien de son
importance. La marine reste toujours l'un des
plus grands élémens de richesse et de prépondérance pour les peuples. Il faut donc à la
France une marine; il lui importe de l'avoir
aussi forte, aussi considérable que possible; et

(1) Loi du 21 avril 1818.

7

comme il n'y a pas de marine militaire sans
marine marchande, l'état a un intérêt immense
à favoriser le développement de celle-ci. C'est
ce motif qui a dicté l'infériorité de taxe sur les
sucres comme sur tous les autres produits ve-
nant des pays les plus éloignés. Ici, l'infériorité
de la taxe est une prime d'encouragement que
la loi accorde à la navigation au long cours,
parce que celle-ci crée et forme des marins
pour le service de l'état ; dès lors cette infériorité de taxe est légitime quand c'est une raison
d'état qui la motive.

Si ce principe est vrai à l'égard de tous les produits ; s'il est appliqué aux sucres français de nos
colonies, comment ne serait-il pas vrai à l'égard
du sucre indigène ? Comment et sur quoi pourrait-on raisonnablement fonder le maintien de
l'infériorité d'impôt en faveur du sucre indigène, alors qu'une raison d'état a motivé d'a-
vance contre lui une taxe SUPÉRIEURE ? —
la raison d'état doit-elle fléchir aussi devant le
sucre de betterave?

Il faut en convenir, l'engouement dont l'industrie qui produit ce sucre a été l'objet, a
donné lieu à de bien étranges et de bien graves
contradictions: l'état attache une si grande importance au développement de la marine,
qu'une loi prohibe l'importation, par terre, de
tous les grands produits d'outre mer ; — qu'elle

encourage la navigation au long cours par des
réductions de droits et par des primes; et pendant que tous les ans la loi consacre et renou-
velle ces sacrifices, en accordant des sommes
considérables à la grande pêche, uniquement
parce qu'elle crée et forme des marins, une
autre loi sanctionne une immunité d'impôt en
faveur d'une industrie dont le développement
anéantit une marine qui se crée d'elle-même,
non seulement sans sacrifices pour l'état, mais
avec avantage et profit pour le pays!

Une telle contradiction choque trop la raison, et blesse trop profondément l'intérêt général pour pouvoir rester plus long-temps
consacrée dans une même législation. Il faut savoir ce qu'on veut, ce qu'on préfère : veut-on
le développement du sucre indigène au prix de
cette marine importante qu'il anéantit ?—Il faut
alors supprimer les primes à la grande pêche;
car on ne saurait raisonnablement imposer à
l'état des sacrifices considérables pour lui créer
une marine, et lui en imposer en même temps
aussi de non moins considérables pour développer une industrie qui détruit une marine
toute créée. En un mot, il faut renoncer à
cette pépinière de marins que le commerce du
sucre exotique crée et entretient sans sacrifices
pour l'état; il faut brûler les navires employés

à cette branche de commerce ; car, quoi qu'en puissent dire les organes du sucre indigène, ces navires ne sauraient avoir d'autre emploi.

Quelle est donc cette loi qu'on invoque, et qui, favorable à un seul intérêt, nuisible à tous, doit cependant prévaloir sur tous, même sur les plus grands intérêts de la France elle-même?

C'est la loi du 18 juillet 1837 qui a offert une particularité fort rare dans les annales législatives. Le ministre des finances qui l'a présentée demandait à la Chambre un dégrèvement de 20 fr. par cent kilogrammes sur les sucres bruts de nos colonies. Il fondait cette demande précisément sur les conséquences ruineuses qu'avait déjà amenées et que devait fatalement accomplir l'affranchissement d'impôt du sucre indigène. Le ministre reconnaissait bien la nécessité d'imposer ce sucre ; mais les difficultés d'asseoir la perception exigeant un retard que ne comportait pas l'état des intérêts en souffrance, il réclamait le dégrèvement, comme moyen de satisfaire plus promptement à des nécessités pressantes de conservation et de justice.

Au lieu du dégrèvement demandé par le ministre, la Chambre, à la majorité d'une voix, vota un impôt de 11 fr. par cent kilogr. de sucre indigène, applicable à dater du 1ᵉʳ juillet dernier (c'est-à-dire un an après le vote), et devant être élevé à 16 fr. 5o c. au 1ᵉʳ juillet 183g. Telle est la loi dont on invoque aujourd'hui le maintien sans amendement.

Qu'on le remarque : le ministre motivait le dégrèvement sur des souffrances déjà alors pressantes, et que le défaut de cet amendement immédiat devait fatalement aggraver. La Chambre, en suppléant au dégrèvement par l'impôt, et en remettant l'application de celui-ci aux époques qu'elle a fixées, n'a évidemment pas tenu compte des faits ni des nécessités sur lesquels le ministre avait fondé sa demande. Qu'est-il arrivé ? Les conséquences désastreuses signalées par le ministre se sont réalisées ; la souffrance des intérêts engagés s'est accrue ; leur ruine est là maintenant près de s'accomplir, si un amendement ne vient enfin incessamment en arrêter les rapides et funestes progrès.

Une des particularités qui n'est pas la moins singulière de cet étrange débat, c'est de voir ceux-là même qui invoquent aujourd'hui le maintien de cette loi sans amendement, qualifier cette même loi d'inique, de vexatoire, et contester même la légalité de son application.

Ce n'est pas ainsi que nous procédons ; nous

disons : respect et soumission à la loi qui existe. — Mais nous appelons une révision de la loi qui ne satisfait pas aux besoins ni aux droits des intérêts généraux du pays. Si l'initiative et la confection des lois sont le droit du gouvernement et des Chambres, l'amélioration de ces lois, quand des nécessités bien constatées l'appellent, est aussi pour eux un devoir sacré. Dans quelles circonstances plus impérieuses, l'accomplissement de ce devoir peut-il être plus rigoureusement commandé que dans celles où nous nous trouvons? De quoi s'agit-il donc? Il s'agit de conserver à la France ses colonies, son commerce maritime, les débouchés importans de son agriculture, et de ses manufactures;—il s'agit de conserver son revenu public, sa navigation, en un mot, tout ce qui, jusqu'ici, a toujours contribué à sa richesse, à sa grandeur, à sa puissance. Pourrait-on ne pas trouver là des motifs suffisans de modification à une loi, alors surtout que cette loi déroge au principe fondamental de la Charte?—La Charte, c'est le droit de tous les intérêts; et selon une éloquente expression, il n'y a pas de droit contre le droit.

La nécessité, l'urgence de modifier la législation ainsi constatées, il est donc indispensable d'y pourvoir incessamment.

Les difficultés sont grandes, dit-on;— mais

est-ce en ne faisant rien pour y remédier qu'elles cesseront ? — Non, les difficultés veulent être résolues; et pour les résoudre il faut les aborder franchement, sans se préoccuper de prétentions qui ne seraient pas fondées sur des droits, mais en tenant compte des exigences qui ne s'appuient que sur ce qui est juste. On ne peut ménager à la fois les unes et les autres; les faits ont des nécessités rigoureuses auxquelles il faut impérieusement satisfaire à l'heure, au moment, sous peine d'en laisser accomplir les conséquences fatales. — Telle est aujourd'hui la situation qui réclame toute la sollicitude du gouvernement.

D'où viennent les difficultés, enfin, qu'est-ce qui occasionne la perturbation ?

Les faits l'ont dit : la cause unique c'est l'immunité d'impôt dont jouit le sucre indigène.

Dès lors, le terme de la perturbation est dans la cessation de cette immunité, c'est-à-dire dans l'égalité d'impôt sur les deux sucres français.

La solution des difficultés est là.

Que propose le gouvernement?

D'après le budget de 1840, il se borne à proposer un dégrèvement de 16 fr. 50 c. sur le droit de 49 50.

Cette réduction étant un premier pas fait

vers l'égalité d'impôt que l'équité réclame, améliorerait d'autant la situation des intérêts qui souffrent ; mais, *seule*, elle ne satisferait pas aux besoins de l'avenir. En un mot, ce dégrèvement, dont les circonstances actuelles font une NÉCESSITÉ URGENTE, ne serait qu'un *commencement* de justice, à défaut d'une justice et d'une satisfaction plus entières.

Quelque juste et nécessaire que nous paraisse l'égalité d'impôt sur les deux sucres français, nous n'oublions pas cependant que, dans l'application du principe même le plus juste, il faut toujours tenir compte des faits existans. Mais cette considération ne peut porter que sur le mode d'application, et non sur le principe ; c'est-à-dire que l'infériorité d'impôt sur le sucre indigène ne saurait être *indéfiniment* prolongée. Le maintien *indéfini* de cette infériorité d'impôt serait un privilége que nos lois repoussent, et resterait aussi une injustice et une cause PERMANENTE de dommage pour tous les intérêts qui en souffrent.—L'égalité de l'impôt sur les deux sucres français satisfaisant seule à tous les droits, à la justice et aux intérêts généraux du pays, la loi nouvelle qui interviendra manquerait aux nécessités du présent, et à celles de l'avenir, si elle ne proclamait d'avance le principe de l'égalité d'impôt sur les deux sucres français, et si, d'avance, elle n'assignait l'époque prochaine de l'application graduelle de ce principe au sucre indigène.

On reconnaît aujourd'hui que c'est une faute grave de n'avoir pas soumis plus tôt cette industrie à l'impôt. Le pays en subit en ce moment les conséquences funestes. — Maintenir indéfiniment encore l'infériorité d'impôt en faveur du sucre indigène, ne serait-ce pas perpétuer cette faute, et perpétuer aussi ses fâcheux effets? — Veut-on sérieusement y mettre un terme? — Il faut nécessairement faire cesser la cause qui produit ces déplorables résultats. Il faut inscrire dans la loi nouvelle le principe de l'égalité de l'impôt sur les deux sucres français, et fixer en même temps le mode de son application. Sans cela, les difficultés, les dommages subsisteront toujours, parce que JUSTICE N'AURA PAS ÉTÉ FAITE.

Nous avons vu l'intérêt immense qu'avait la France au maintien de la production du sucre dans nos colonies, et à son admission dans la consommation de la métropole. Aujourd'hui que la production coloniale est inférieure de 40 millions de kilogrammes à la consommation actuelle(1), le but que la loi doit atteindre c'est

(1) En ce moment le sucre indigène trouverait place pour 40 millions de kilo. La consommation s'accroissant sans cesse, on peut entrevoir une extension proportionnée dans la production indigène.

*d'assurer la consommation, à l'intérieur, de
tout le sucre de nos colonies.* Par là, on
conservera à notre agriculture, à nos manufactures les débouchés considérables de leurs
produits;— au trésor public, les perceptions
importantes que cette denrée doit toujours lui
fournir; — à notre commerce, son mouvement et ses garanties;— à notre navigation, sa
force; — à la France, ses colonies et sa puissance politique.

Mais la loi serait incomplète si, en réglant les
dispositions nouvelles pour les sucres français,
elle maintenait le régime actuel sur les sucres
étrangers. Nous avons déjà remarqué que les
surtaxes exagérées ou pour mieux dire prohi-
bitives, sur les sucres étrangers, n'avaient eu
d'autre effet que de priver la France de ses
rapports avec les pays dont le sucre est une
des productions principales. Ces pays sont précisément ceux qui occupent la navigation au
long cours, celle qui forme le plus et le mieux
les marins. L'éloignement de ces pays nécessite l'emploi des plus grands navires; et les ri-
ches produits de ces contrées qui offrent des
moyens d'échange pour des valeurs considérables ne fournissent pas toujours des moyens de
chargement; il n'y a que les matières encom-
brantes, et d'une consommation générale, qui

soient favorables aux développemens maritimes
d'un pays. Le sucre réunit ces deux conditions
au plus haut degré. Aussi le sucre est-il le *lest*
principal des navigations lointaines.

Si l'on ne veut pas que la France reste
en arrière du grand mouvement commercial
du monde; si l'on veut qu'elle y occupe le
rang et la place qui lui appartiennent, il ne
faut pas que nos lois y portent un obstacle,
mais il faut au contraire qu'elles lui en laissent les libres moyens; pour cela, il ne faut pas
maintenir dans la législation nouvelle les tarifs
d'exclusion qui pèsent sur les sucres étrangers.
Il faut se rappeler enfin que les chiffres des
tarifs ont une puissance; que si leur modéra-
tion ouvre des voies nouvelles au commerce,
la surélévation des tarifs les anéantit. C'est
parce que cette vérité a été méconnue, c'est
parce que nos législations antérieures, et en
particulier, celle sur les sucres, ont refusé à notre navigation la possibilité de recourir à cette
denrée, que notre commerce extérieur n'a pas
pu suivre les progrès de celui des autres peuples, et que notre navigation nous offre aujourd'hui cette décroissance affligeante que les
états officiels nous signalent. Puisons au moins
dans les fautes du passé des enseignemens
pour régler plus utilement l'avenir.

Dans la question actuelle, l'abaissement du droit sur les sucres étrangers nous paraît une nécessité commandée par les plus grands intérêts du pays. Nous estimons qu'une surtaxe de 15 francs par o/o kilog. sur les sucres bruts étrangers constituerait une protection suffisante pour celui de nos colonies et pour le sucre indigène.

Cet abaissement de surtaxe pourrait fournir au gouvernement l'occasion et un moyen d'établir des rapports commerciaux plus avantageux avec les pays étrangers dont le sucre est une des productions principales.

Il est facile d'entrevoir quelle large part la marine est appelée à prendre désormais dans le mouvement général qui commence à se développer maintenant devant nous. La navigation à vapeur tend à réduire beaucoup le grand et le petit cabotage qui fournissaient jusqu'ici de si nombreux moyens de travail à nos populations maritimes. Le devoir des gouvernemens est de suivre attentivement les faits nouveaux qui se produisent, les conséquences qu'ils amènent, et de pourvoir d'avance aux besoins nouveaux qu'ils font naître. Pendant que nous voyons les causes qui tendent à restreindre pour nos populations maritimes les sources de travail que leur avaient of-

109

fert le grand et le petit cabotage, ouvrons-leur
des voies nouvelles ;—qu'un abaissement dans
les tarifs des sucres étrangers permette à notre
pavillon de se montrer plus souvent dans les
mers éloignées, et fournisse à notre commerce
les moyens d'accoutumer à nos produits les
peuples qui habitent ces contrées. Il y aura là
avantage et profit, non pour une industrie, mais
pour toutes les industries et tous les intérêts
du pays.

Nous avons examiné la question sans préoccupation d'aucun intérêt privé, mais dans sa
généralité, dans son ensemble, enfin, dans
l'intérêt général du pays. Il en est résulté
pour nous cette conviction que la France *a
un intérêt infiniment plus grand à maintenir,
à développer dans ses colonies la production
du sucre, et à en étendre la consommation
dans la métropole, qu'à développer la production de cette denrée sur son propre sol.* Nous
n'ignorons pas que cette conviction heurte
bien des convictions contraires. Il faut que la
nôtre soit bien vive, bien profonde pour nous
déterminer à l'exprimer ainsi. Nous en avons
dit les motifs ; on pourra les juger.

Loin de nous la pensée du sacrifice d'aucun des
intérêts engagés dans cette grande question, car,
nous demandons justice ÉGALE pour tous ;—ce
que nous voulons, c'est une protection ÉGALE

pour le libre développement de tous les intérêts français qui concourent à la richesse, à la
grandeur et à la puissance de la France. — Là
seulement sont nos sympathies et nos vœux.

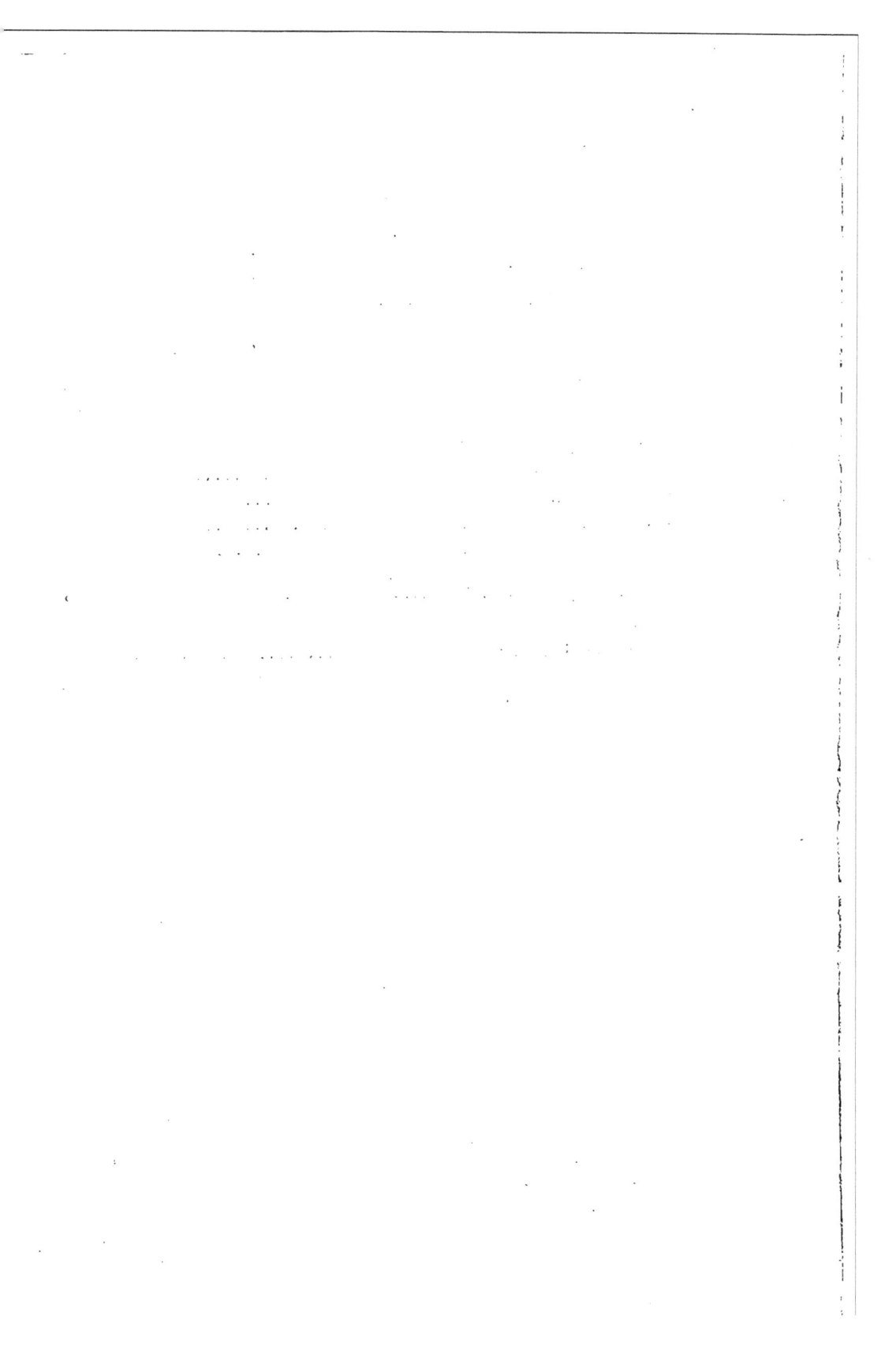

COMPTE DU PRODUIT NET

*D'une barrique sucre brut, vendue à la Martinique, dans un port
d'embarquement.*

Une barrique sucre brut, pesant 555 kil.
Tare 10 p. °/₀.....   55

500 kil.

à f. 15 les 50 kil., prix indiqué par la dernière mercuriale....fr. | 150 | »

A DÉDUIRE :

Frais à la charge de l'habitant :				
Coût de la barrique vide, cercles, fonds et clous.........	10	»		
Frêt de l'embarcadère au port d'embarquement..........	10	»		
Roulage, pesage et magasinage d'un mois...............	3	»		
Droit colonial sur 500 kil., à f. 17 les 1000 kil.........	8	50		
Commission de vente payée au commissionnaire à la Martinique, 5 p. °/₀ sur f. 150	7	50	39	»

Net produit revenant à l'habitant....................... | 111 | »

Soit f. 11.10 pour 50 kil.

Il résulte de ce compte que l'habitant, en vendant à la Martinique ses
sucres f. 15 les 50 kil., prix de la dernière mercuriale, n'en retire que
f. 11.10 les 50 kil., par suite des frais qu'il a à supporter.

COMPTE DE VENTE AU HAVRE

D'une barrique sucre brut, reçue de la Martinique

Une barrique sucre brut Pesant à la Martinique.....	555 kil.		
Perte de poids de la Martinique au Havre, par suite du coulage, 7 p. °/₀.............	38 50		
	517 kil.		
Coulage en magasin jusqu'au moment de la vente, 1 p. °/₀...	5 »		
	512 kil.		
Tare du commerce, 17 p. °/₀...	83 »		
	424 kil. à f. 53 les 50 kil. acquittés	449 44	
Réfaction pour vidange et couche......................		5 »	
		444 44	
Escompte 2 1/4 p. °/₀............		9 99	
		434 45	

FRAIS A DÉDUIRE :

Assurance de la Martinique au Havre, sur f. 160, à 1 1/4 p. °/₀................................	2 »	
Courtage d'assurance 1 p. °/₀ et police	» 20	
Frêt sur 517 kilos :		
Tare 15 p. °/₀ 77. 440 kil. net, à f. 100 et 10 p. °/₀ pour 1000 kil..............................	48 40	
Droits de douane sur 440 k. net, à f. 49.50 les 100 k. 217.80		
Escompte : 1 1/3 p. °/₀............. 2.90	214 90	
Tonnelier, port en magasin, journaliers, magasinage, un mois................................	2 80	
Assurance contre l'incendie, sur f. 250, 1 p. °/₀.........	» 25	
Courtage de vente, 1/4 p. °/₀.... ...	1 10	
Commission de vente et garantie, 5 p. °/₀.....	15 52	282 98

Net produit au Havre d'une barrique sucre brut, pesant 500 kil. net à la Martinique	151 47

Quoique le produit de ce compte soit de f. 151.47, l'habitant ne reçoit en définitive que f. 112.47, puisqu'il faut déduire de la première somme les frais de mise en barrique, transports, etc., s'élevant à f. 39, suivant le détail ci-contre. Le résultat est donc également désastreux pour l'habitant, soit qu'il vende ses sucres à la Martinique, soit qu'il les fasse réaliser en France, puisqu'il n'obtient que f. 11.10 les 50 kil.